MÜNSTERSCHWARZACHER KLEINSCHRIFTEN

herausgegeben
von Mönchen der Abtei Münsterschwarzach

Band 60

Anselm Grün OSB

Gebet als Begegnung

VIER-TÜRME-VERLAG MÜNSTERSCHWARZACH
1990

Anselm Grün OSB

Gebet
als Begegnung

VIER-TÜRME-VERLAG MÜNSTERSCHWARZACH
1990

CIP-Titelaufnahme der Deutschen Bibliothek

Grün Anselm, OSB:
Gebet als Begegnung/Anselm Grün. —
Münsterschwarzach : Vier-Türme-Verlag, 1990.
  (Münsterschwarzacher Kleinschriften ; Bd. 60)
  ISBN 3-87868-405-3
NE: GT

Gesamtherstellung: Vier-Türme-Verlag, D-8711 Münsterschwarzach
© by Vier-Türme-Verlag, Münsterschwarzach
ISSN 0171-6360
ISBN 3-87868-405-3

INHALT

Gebet als Begegnung 7

I. Schritte der Begegnung 11

   1. Begegnung mit sich selbst 11
   2. Begegnung mit Gott 14
   3. Das Gespräch mit Gott 17
   4. Schweigen vor Gott 26
      Schweigen als Hören 26
      Schweigen als Einswerden 31

II. Orte der Begegnung 43

   1. Das Gebet füreinander 43
   2. Lectio divina 51
   3. Anbetung 57
   4. Unablässiges Gebet 74

Schluß 85

Anmerkungen 86

Gebet als Begegnung

"Das Gebet ist wesenhaft ein Dialog." So definiert der Religionsphilosoph G. van der Leeuw das Gebet.[1] Gebet ist Zwiegespräch des Menschen mit Gott. Dieser Begriff ist sicher wichtig und unabdingbar. Aber er führt leicht auch zu Mißverständnissen und Schwierigkeiten. Denn das Zwiegespräch mit Gott sieht eben anders aus als das Zwiegespräch mit einem Freund. Ich höre Gott nicht so, wie ich einen Freund höre. Und Gott gibt mir keine so klaren Antworten, wie ich sie von einem Freund erwarte. Viele erfahren ihr Gebet nicht als Dialog, sondern eher als Monolog. Und sie fragen, ob sie da nicht gegen eine leere Wand reden. Andere tun sich schwer, Worte zu finden, um das Gespräch in Gang zu bringen. Gebet ist für sie anstrengend. Und oft geben sie es auf, weil sie nicht wissen, wie und was sie Gott sagen sollen. Um den Problemen, die viele mit dem Gebet haben, besser gerecht zu werden, möchte ich in dieser Kleinschrift einen anderen Begriff einführen, der mir hilfreicher erscheint: das Gebet als Begegnung.

Über das Geheimnis der Begegnung hat die moderne Philosophie neu nachgedacht, vor allem Martin Buber, der in seiner Schrift "Ich und Du" das Du in der Begegnung zum Ausgangspunkt der eigenen Selbstfindung macht: "Ich werde am Du; Ich werdend spreche ich Du. Alles wirkliche Leben ist Begegnung."[2] Im Gefolge Bubers haben andere Begegnungsphilosophen über das Geschehen der Begegnung geschrieben, wie etwa Steinbüchel, Bollnow und Ebner. So beschreibt Steinbüchel das Geheimnis der Begegnung:

"Das Du wird mir zu der Gnade, die meinem Ich sich schenkt, zu dem Segen, der sich mir beschert. Das Du schränkt meine Willkür ein, aber das Du weckt auch mein Innerstes: all das, was in mir schlummert und was ich nun dem Du bereit stelle. Ich lebe als Ich von der Gnade des Du...Mein ganzes Ich hat seine Wirklichkeit nur in diesem Bezug zum Du, dieser Bezug zum Du ist meine Wirklichkeit. Die Begegnung mit dem Du ist ein Transzendieren, ein Überschreiten meines in sich selbst eingegrenzten Ich über sich selbst hinaus zu Anderen hin."[3]

Für Steinbüchel aber gibt es nicht nur die Begegnung von Mensch zu Mensch, sondern auch vom Menschen mit Gott. Mit Scheler bezeichnet Steinbüchel den Menschen als das "alles Leben und in ihm auch sich selbst transzendierende Wesen". Mensch ist geradezu "die Intention und die Geste der Transzendenz selbst, das Wesen, das betet und Gott sucht". Der Mensch betet nicht nur von sich aus, sondern in seinem ganzen Wesen ist er "das Beten des Lebens über sich hinaus"." (Steinbüchel 75) "In der Begegnung wird der ferne Gott mir nahe. Er bleibt der Andere, der 'ganz' Andere mir und allem gegenüber, er bleibt Gott, und ich bleibe der Mensch. Aber er wird mein Du, mein Gott und mein alles, wie Augustin in aller Ehrfurcht vor dem erhabenen Gott doch zu dem vertrauten Gott beten konnte, der der Gott seines Herzens geworden. Gott ist der Andere, aber doch der Gegenwärtige, der mir näher ist, als ich mir selber bin. Er ist in all seiner Ferne mir der letzte und treueste Gefährte des Lebens, zu dem in aller Enttäuschung am Menschen ich immer als an mein eigentliches Du mich wenden kann." (Steinbüchel 79f)

Der Mensch kommt zu sich selbst erst in der Begegnung mit einem Du, mit dem Du des Menschen, aber auch mit dem Du Gottes. Begegnung ist ein Geschehen, das die Begegnenden verwandelt. Ich komme anders aus einer Begegnung heraus, als ich hineingehe. Aber das Geschehen der Begegnung selbst ist nicht leicht begrifflich zu fassen. Es ist ein Geheimnis. In echter Begegnung berühre ich immer das Geheimnis meines eigenen Lebens, das Geheimnis des andern und das Geheimnis Gottes. In der Begegnung geschieht Verwandlung ins Eigentliche. Gerade in der Begegnung mit Gott kommt der Mensch in Berührung mit seinem wahren Wesen, mit seinem innersten Kern. Begegnung ist dabei immer freies Geschenk, sie ist nicht machbar. Gerade weil Begegnung ein Geheimnis und ein freies Geschenk ist, können wir damit das Phänomen des Gebetes besser beschreiben als mit dem Begriff des Dialogs, der zu sehr um die Worte kreist. Gebet als Begegnung des Menschen mit Gott ist immer ein Geschenk der Gnade Gottes an uns, nie unser Verdienst. Gott selber kommt uns aus freier Gnade entgegen. Wir können ihm nur begegnen, weil er uns begegnen will, weil er gegenwärtig ist und darauf wartet, daß auch wir da sind, bereit, ihm zu begegnen.

Die Bibel schildert uns in vielen Begegnungsgeschichten, was im Menschen verwandelt wird, wenn er Gott oder wenn er Jesus Christus begegnet. In der Begegnung mit Gott finden die Propheten zu ihrem Weg und sie treten mit neuem Selbstbewußtsein auf. In der Begegnung mit Jesus Christus werden Menschen gesund, sie richten sich auf, finden den Mut, ja zu sich zu sagen, und sie entdecken ihre unantastbare Würde. In der Begegnung mit Jesus fühlen sich die Sünder von Gott angenommen und können sich nun selbst annehmen. Sie sind auf einmal frei, sich Gott zu übergeben und ihren Besitz mit den Armen zu teilen (Vgl Lk 19,1-10). Wie Menschen sich in der Begegnung verwandeln, das schildert uns Lukas in der Begegnung von Maria und Elisabeth. Maria muß erst aus ihrem Haus ausziehen, sie muß alles hinter sich lassen, was sie schützt, wohinter sie sich verstecken könnte. Sie muß aus sich herausgehen und sie muß über das Gebirge wandern, über die Berge ihrer Hemmungen und ihrer Ängste, über die Berge der Vorurteile und Mauern zwischen sich und Elisabeth. Sie kann nur sich selbst mitnehmen. Sie muß ganz sie selbst sein, ohne schützenden Hintergrund, um ganz beim andern ankommen und ihm begegnen zu können. Und als sie dann Elisabeth begegnet und sie grüßt, da hüpft das Kind in Elisabeths Schoß auf, da kommt Elisabeth zu sich selbst, da kommt sie in Berührung mit ihrem unverfälschten Kern, mit ihrem wahren Selbst, mit dem Bild, das sich Gott von ihr gemacht hat. Und Elisabeth erkennt zugleich das Geheimnis von Maria. Sie spricht Maria an. Sie erklärt ihr, wie sie ihr Leben sieht. Und Maria antwortet mit dem Magnificat, in dem sie das Geheimnis ihres Lebens von Gott her zur Sprache bringt. Ihr Gebet endet im Lobpreis Gottes, im staunenden Loben des barmherzigen und schöpferischen Gottes. Diese Bewegung der Begegnung, die Lukas so wunderbar zeichnet, wollen wir als Hintergrund nehmen für die vier Schritte, die für die Begegnung im Gebet charakteristisch sind.

I. Schritte der Begegnung

1. Begegnung mit sich selbst

Um Gott begegnen zu können, muß ich erst einmal mir selbst begegnen. Ich muß erst einmal bei mir sein. Und das bin ich im Normalfall nicht. Denn wenn ich mich beobachte, so entdecke ich, daß meine Gedanken hin- und herwandern, daß ich irgendwo mit meinen Gedanken bin, nur nicht bei mir. Ich habe keinen Kontakt zu mir, die Gedanken reißen mich aus mir heraus und führen mich woanders hin. Nicht ich denke, sondern es denkt in mir, die Gedanken verselbständigen sich, sie überdecken mein eigentliches Ich. Der erste Akt des Gebetes ist, daß ich erst einmal mit mir selbst in Berührung komme. Das haben uns die Kirchenväter und frühen Mönche immer wieder gelehrt. So sagt Cyprian von Karthago: "Wie kannst du von Gott verlangen, daß er dich hört, wenn du dich selbst nicht hörst? Du willst, daß Gott an dich denkt, und du selber denkst nicht an dich." (Quomodo te audiri a Deo postulas, cum te ipsum non audias? Vis esse Deum memorem tui, quando tu ipse memor tui non sis.) Du selbst bist ja gar nicht bei dir, wie willst du, daß Gott bei dir ist? Wenn ich nicht bei mir zu Hause bin, kann Gott mich auch nicht antreffen, wenn er zu mir kommen möchte. Auf sich hören, heißt einmal, auf sein wahres Wesen hören, mit sich in Berührung kommen, es heißt aber auch, auf seine Gefühle und Bedürfnisse hören, auf das hören, was sich in mir regt. Auf sich selber hören, mit sich und seinen tiefsten Bedürfnissen in Berührung kommen, das ist für Cyprian die Bedingung, daß wir im Gebet mit Gott in Berührung kommen. Gebet ist keine fromme Flucht vor mir selbst, sondern zuerst einmal ehrliche und schonungslose Selbstbegegnung. So sagt Evagrius Ponticus: "Willst du Gott erkennen, so lerne dich vorher selber kennen."[4] Das ist keine Verpsychologisierung des Glaubens, sondern notwendige Voraussetzung des Betens. Wenn ich sofort in fromme Worte oder Gefühle fliehe, so führt mich das Gebet nicht zu Gott, sondern nur in die weiten Räume meiner Phantasie. Ich muß erst ehrlich in mich selbst hineinhorchen. In der Begegnung mit Gott muß ich mir selbst begegnen. Dabei können wir nicht sagen, was zuerst kommt, die Selbstbegegnung als Voraussetzung für die Gottesbegegnung oder die Gottesbegegnung als Voraussetzung für die Selbstbegegnung. Beides bedingt sich gegenseitig und vertieft sich einander. Mir selbst begegnen heißt jedoch nicht, ständig um mich und meine Probleme zu kreisen oder meine psychische Situation zu analysieren, sondern zu meiner wahren Identität vorzustoßen, zu meinem Ich zu finden, zu meinem eigentlichen Personkern.

Die Frage ist, wie ich zu dem Punkt vorstoßen kann, an dem ich wirklich Ich sagen kann. Ein Weg besteht darin, einfach immer wieder zu fragen: Wer bin ich? Dann werden mir spontan Antworten oder Bilder kommen. Und zu jeder dieser Antworten sage ich dann: nein das bin ich nicht, das ist nur ein Teil von mir. Ich bin nicht der, für den mich meine Freunde halten, ich bin nicht der, für den ich mich selbst halte. Ich bin nicht identisch mit der Rolle, die ich bei Bekannten spiele, und nicht mit der Maske, die ich mir bei Fremden überstülpe. Ich kann beobachten, daß ich mich anders in der Kirche gebe als in der Arbeit, anders daheim als in der Öffentlichkeit. Wer bin ich wirklich? Ich bin auch nicht identisch mit meinen Gefühlen und Gedanken. Die Gedanken und Gefühle sind in mir, aber das Ich geht nicht in ihnen auf, es ist jenseits allen Denkens und Fühlens zu suchen. Wir können dieses Ich nicht definieren und festhalten. Aber indem wir immer tiefer in uns hineinfragen, werden wir eine Ahnung von dem Geheimnis des eigenen Ich bekommen. Ich, das ist mehr als sich von andern zu unterscheiden, mehr als der bewußte Personkern, mehr als das Ergebnis meiner Lebensgeschichte. Das Ich heißt: ich bin von Gott bei meinem Namen gerufen, mit einem unverwechselbaren Namen. Ich bin ein Wort, das Gott nur in mir spricht. Mein Wesen besteht nicht in meiner Leistung, nicht in meinem Wissen, auch nicht in meinem Fühlen, sondern in dem Wort, das Gott nur in mir spricht und das nur in mir und durch mich in dieser Welt vernehmbar werden kann. Sich selbst begegnen heißt daher, eine Ahnung von diesem einmaligen Wort Gottes in mir zu bekommen. Gott hat schon durch meine Existenz gesprochen, er hat sein Wort in mir gesagt. Beten als Selbstbegegnung heißt, in seinem innersten Geheimnis Gott zu begegnen, der mich in mir selbst angesprochen und sich in mir ausgesprochen hat.

Ein anderer Weg zum eigenen Ich könnte über den Atem gehen. Im Ausatmen kann ich mir vorstellen, daß ich alle Masken und Rollen von mir abfallen lasse, alles, was mein Wesen verstellt. Und beim Einatmen kann ich mir das Bild vor Augen halten, daß Gottes Geist in mich einströmt und daß er den eigentlichen Kern, das unverfälschte Wesen wachsen läßt, wie eine Knospe, die noch unberührt ist. Im Einatmen komme ich dann in Berührung mit meinem innersten Kern, mit dem echten Ich, mit dem Bild, das Gott sich von mir gemacht hat. Auch hier kann ich das Ich nicht festhalten, ich erahne nur im Atmen, daß ich das Geheimnis erspüre, das meine Einmaligkeit

13

ausmacht. Wenn ich Gott begegnen will, muß ich zumindest meinem wahren Ich etwas näher gekommen sein, ich muß zumindest ein Gespür dafür haben, wer ich eigentlich bin.

2. Begegnung mit Gott

Der zweite Schritt des Gebetes wäre die Begegnung mit Gott. Wir meinen oft, wir würden Gott doch längst kennen. Wir beten ja schon lange zu ihm. Wir haben ja schon genug von ihm gehört und können uns vorstellen, wer er ist. Aber stimmt das, was wir von Gott wissen, mit dem wirklichen Gott überein? Oder projizieren wir nur unsere Wünsche und Sehnsüchte auf Gott? Entstammen unsere Gottesbilder nur unserer Erziehung oder den Phantasien des eigenen Herzens? Auf der einen Seite brauchen wir Bilder, um uns Gott vorzustellen und um ihm begegnen zu können. Aber auf der andern Seite müssen wir diese Bilder immer wieder übersteigen auf den eigentlichen Gott hin. Wir dürfen uns Gott nicht so niedlich vorstellen, nicht als den Kumpel, dem wir auf die Schulter klopfen. Es ist der unendliche Gott, der Schöpfer der Welt. Wir können Gott nur in Gegensätzen denken. Gott ist der unendliche Schöpfer, aber er ist auch der, der sich jetzt um mich kümmert, der mich jetzt liebend anschaut. Gott ist der, der das große Universum geschaffen hat, aber er ist auch in mir, mir innerlicher als ich mir selbst bin. Gott ist der barmherzige Vater, der mich liebend aufnimmt, aber er ist auch der Herr, vor dem mir nichts anderes übrigbleibt, als vor ihm nieder zu fallen. Gott ist mir vertraut, weil er sich mir geoffenbart hat und weil ich Ihm in mir selbst begegne, aber Er ist zugleich der ganz Andere, Unverfügbare, Unverständliche, der alle unsere theologischen Lehrsätze immer wieder in Frage stellt. Wenn wir diesem Gott wirklich begegnen und nicht mehr nur den Begriffen unserer Theologie, dann mag es uns ergehen wie Ijob, der nach seinen Kämpfen mit Gott bekennen muß: "Vom Hörensagen nur hatte ich von dir vernommen; jetzt aber hat mein Auge dich geschaut. Darum widerrufe ich und atme auf, in Staub und Asche." (Iiob 42,5f)

Die Bilder, die wir uns von Gott machen, sind wie Fenster, durch die wir in die richtige Richtung schauen. Aber Gott ist jenseits der Bilder, er läßt sich nicht festlegen durch die Bilder. Er ist immer der ganz andere, der unerklärliche, das Geheimnis schlechthin. Wenn wir anfangen zu beten, tut es uns gut, hineinzuhorchen in das Geheimnis Gottes, alle Bilder zu übersteigen und etwas zu erahnen von dem immer größeren Gott. Auch hier werden wir nicht zu einem Punkt kommen, wo wir Gott definieren können, sondern wir werden nur sensibler werden für das Geheimnis des Gottes, dem wir im Gebet begegnen wollen. Wenn ich allein in meiner Klosterzelle bete, dann kommen mir manchmal Zweifel: Stimmt das denn alles, was du dir von Gott denkst, oder ist das nicht alles Einbildung? Stellst du dir das so vor, weil es so schön ist, weil du damit gut leben kannst, weil es sich so besser predigen oder schreiben läßt? Wenn diese Zweifel kommen, versuche ich sie zu Ende zu denken. Ich sage mir: ja, das kann sein, daß alles nur Einbildung ist; alle religiöse Literatur ist nur Einbildung, Beruhigung des Menschen, daß er besser leben kann, Illusion, um die Augen vor der bitteren Wirklichkeit zu verschließen. Doch wenn ich das zu Ende denke, dann kommt eine tiefe Gewißheit in mir auf: nein, so absurd kann das menschliche Leben nicht sein. Ich kann mir einfach nicht vorstellen, daß all die

Heiligen nur Illusionen nachgelaufen sind, daß alle Kultur nur Nervenberuhigung ist. Es ist die Grundfrage, ob wir Menschen überhaupt etwas von der Wahrheit erkennen können oder ob wir nur im Dunkeln tappen und uns eine Illusion zurechtschneidern. Aber dann ist alles absurd. Wenn ich diese Absurdität zulasse, spüre ich nicht nur innere Gewißheit, sondern dann entscheide ich mich auch für die Alternative des Glaubens: ich will auf diese Karte setzen. Ich will einem heiligen Augustinus folgen und nicht den Skeptikern, die in der Absurdität des Daseins ihre Lebensphilosophie finden. Und dann bekommt für mich das Gebet eine neue Dimension. Ich darf mich an den Urgrund des Seins, an die Ursache der ganzen Schöpfung wenden als ein Du. Ich darf dieses Du ansprechen, das da hinter dem Schleier der sichtbaren Welt verborgen ist. Ja, dieser Gott, dieses geheimnisvolle Du hat mich zuvor angesprochen. Er ist eine Person, einer, der mich liebt, der den Schleier des Seins durchstoßen hat und mir in seinem Wort eine Ahnung von seinem Geheimnis eröffnet hat.

Aber zugleich wird mich die Frage der Neuzeit nach dem abwesenden Gott bedrängen. Wir können heute nicht mehr so naiv von Gott reden wie früher. Wir haben erfahren, daß selbst die Theologie von dem toten Gott sprach. Nach Gott Ausschau halten, das heißt, seine Abwesenheit auszuhalten und doch zugleich daran zu glauben, daß er ganz nahe ist, daß seine liebende und heilende Gegenwart uns einhüllt, daß er in unserem Herzen ist. Gott begegnen, das heißt für uns, daß wir durch die Zweifel unserer Zeit hindurchgegangen sind und durch sie hindurch dem Gott trauen, der uns in Jesus Christus sichtbar erschienen ist, der in Christus sein Herz geoffenbart hat. Und es ist ein menschliches Herz, das da in Christus erscheint, ein Herz, das wir verstehen können mitten in der Unverständlichkeit dieser Welt. Die Gottesfrage, die die Neuzeit radikaler als früher gestellt hat, könnte uns so sensibler machen, was es heißt, diesem geheimnisvollen Gott, diesem Vater Jesu Christi begegnen zu können. Die Zweifel halten uns in unserer Suche nach dem wahren Gott lebendig, sie hindern uns daran, uns vorschnell mit unserer Beziehung zu Gott zufrieden zu geben. Wir müssen uns immer wieder neu in das Geheimnis Gottes vortasten. Mitten im Gebet halte ich oft inne und frage: Was heißt das denn wirklich? Wer ist Gott wirklich? Und dann versuche ich, mein Fragen und Suchen mit dem Bild Jesu Christi zu konfrontieren. In Jesus ist dieser unfaßbare Gott sichtbar, da ist das Unverständliche verstehbar geworden. Dann halte ich in die Zweifel die Worte Jesu aus dem Johannesevangelium hinein: "Niemand hat Gott je gesehen. Der Einzige, der Gott ist und am Herzen des Vaters ruht, er hat Kunde gebracht." (Joh 1,18) "Wer mich gesehen hat, hat den Vater gesehen." (Joh 14,9) Wenn ich in Gott hineinhorche, stoße ich auf das Geheimnis Jesu Christi. Und wenn ich diesen Menschen Jesus aus Nazareth zu Ende denke, dringe ich zum Geheimnis Gottes vor. Ich kann Jesus nur verstehen, wenn ich als seinen Urgrund Gott selbst erkenne. Zum Gebet gehört wesentlich diese Spannung: die Zweifel an Gott zu Ende denken und sie mit Jesus Christus konfrontieren; und Jesus Christus anschauen und in ihm Gott erspüren.

3. Das Gespräch mit Gott

Der dritte Schritt besteht nun in dem, was wir normalerweise Gebet nennen, im Sprechen mit

Gott. Da fragen manche gleich: was soll ich denn Gott sagen, er weiß doch sowieso schon alles. Natürlich weiß Gott alles. Gott braucht auch mein Gebet nicht. Aber ich brauche das Gebet. Mir tut es gut, daß ich mich mit meinen innersten Nöten und Ahnungen an Gott wenden kann. Wir können uns ja mal vorstellen, was wäre, wenn wir uns nur an Menschen wenden könnten und nicht an Gott, den Urgrund allen Seins. Dann kämen wir uns im letzten unverstanden vor. Denn Menschen können unsere letzten Fragen nicht beantworten. Sie können uns ein Stück Verständnis und Geborgenheit schenken. Aber mit unseren tiefsten Ahnungen und Sehnsüchten ließen sie uns allein. Wir würden in einer kalten und unverstandenen Welt leben. Das Gebet gibt uns mitten in der Fremde und Unbehaustheit unseres Daseins das Gefühl von Geborgenheit, von Verstandensein und Angenommensein. Wir dürfen uns mit unseren Fragen an den wenden, der sie allein zu beantworten vermag. Gerade auf die Frage nach dem Leiden und nach dem Tod Unschuldiger kann uns kein Mensch wirklich antworten. Aber wir leben eben nicht im Raum des Absurden, sondern wir dürfen Gott, den Urgrund aller Welt, ansprechen.

Was soll ich nun Gott sagen? Ich soll ihm alles sagen, was in mir auftaucht. Ich soll mein Leben zur Sprache bringen, so wie es konkret ist. Ich kann Gott von Begegnungen mit Menschen erzählen, von dem, was mich gerade beschäftigt, von Ärger und Enttäuschung, von Freuden und schönen Erlebnissen, von Ängsten und Sorgen und von meiner Hoffnung. Das Gebet muß nicht fromm sein, es soll nur ehrlich sein, es soll wirklich mein Leben vor Gott ausbreiten. Dabei kann es helfen, wenn ich das, was mir einfällt, in Worte kleide, entweder in innere Worte, oder aber auch in vernehmbare Worte. Es ist eine gute Übung, sich einmal zu zwingen, eine halbe Stunde laut mit Gott zu reden. Dabei kann ich mit der Frage beginnen: Gott, was hältst Du eigentlich von mir? Was sagst Du zu mir und zu dem, was ich tue? Oder ich könnte mich fragen, was ich diesem Gott sagen möchte, so daß es meiner Wahrheit entspricht. Dabei muß ich mich zwingen, wirklich die halbe Stunde durchzuhalten. Wenn mir Gott ferne rückt, dann rede ich darüber mit Ihm. Wenn ich ärgerlich werde, sage ich es Ihm. Und wenn mir nichts mehr einfällt, spreche ich mit Gott darüber, wieviel wichtiger mir andere Dinge sind als Er. Diese Weise des Betens ist allerdings keine Übung für jeden Tag, sonst würde sie zu einem Geplapper werden. Von Zeit zu Zeit, vor allem dann, wenn es in mir durcheinander und leer geworden ist, ist es eine gute Hilfe. Ich mache diese Übung selber gar nicht so gerne. Aber wenn ich mich darauf einlasse, spüre ich, daß sie mir gut tut. Am Anfang habe ich genügend Worte und Formulierungen parat, um mein Gebet interessant zu machen. Doch irgendwann kommt der Punkt, wo ich meinen Formulierungen nicht mehr traue, wo ich wirklich die Wahrheit meines Lebens Gott sagen muß. Da muß ich dann ehrlich sagen, was mich in meinem Herzen bewegt. Das Gebet geht immer anders aus, als ich es mir erwartet habe. Es zwingt mich in die Wahrheit. Ich kann Gott nichts vormachen. Ich muß ihm sagen, wie es wirklich mit mir steht. Es genügt nicht, ihm alles Mögliche zu erzählen, ich muß ihm meine innerste Wahrheit erzählen. Nur dann wird mich das Gebet befreien. Denn die Wahrheit allein wird uns frei machen.

Eine andere Möglichkeit ist, einfach vor Gott zu sitzen und hochsteigen zu lassen, was von alleine kommt. Ich muß dann gar nicht in Worte fassen, was sich in mir rührt. Denn für manche Ahnungen und Gefühle fehlen mir die Worte. Ich spüre manches nur diffus, ohne es formulieren zu können. Doch wenn ich vor Gott sitze und auf ihn schaue, dann steigt von alleine auf, was wichtig ist. Vor allem regt sich das, was nicht recht war. Evagrius sagt, es gäbe kein wirkliches Gebet, in dem ich nicht auch auf meine Fehler stoße. Ich muß dann gar nicht nach meinen Fehlern und Sünden forschen. Indem ich Gott anschaue, entdecke ich selbst, was nicht recht war. Das Gebet ist dann der Ort, wo ich ungeschützt vor Gott bin, wo ich nichts zwischen ihn und mich halte, keine Worte, keine vorformulierten Gebete. Ich halte vielmehr mich selbst hin. Das zwingt mich in die Wahrheit. Tagsüber kommen ja öfter Ahnungen in mir hoch, daß das doch nicht ganz stimme, was ich gerade tue, daß ich nicht in der Wahrheit bin, nicht ganz gegenwärtig, daß ich mir irgendetwas vormache, daß da noch eine ganz andere Dimension in meinem Leben ist. Doch dann dränge ich diese Ahnungen wieder zurück, indem ich mich mit der Arbeit oder mit andern Gedanken beschäftige. Es gibt ja tausend Fluchtmöglichkeiten vor diesen inneren Ahnungen. Aber dann habe ich das Gefühl, daß sich eine Staubschicht auf mein Inneres legt und daß ich selbst unter dieser Staubschicht ersticke. Im Gebet als dem ungeschützten Dasein vor Gott wird diese Staubschicht wieder aufgewirbelt und das Eigentliche meines Herzens kommt zum Vorschein. Ich komme in Berührung mit dem Grund meiner Seele.

In dem Drama "Der seidene Schuh" läßt Paul Claudel Dona Proeza auf die Frage "Womit soll ich denn beten?" antworten: "Alles, was uns mangelt, das eben dient uns zum Gebet. Der Heilige betet mit seiner Hoffnung, der Sünder mit seiner Sünde." Wir sollen im Gebet Gott also unseren Mangel hinhalten, unsere Sehnsucht, unser Ungenügen an uns und unserem Leben. Und wir sollen Gott unsere Sünde hinhalten, unsere Schattenseiten. Das Gebet befreit nur dann, wenn ich Gott auch in meine Abgründe schauen lasse, in das Verdrängte, in das vom Leben Ausgeschlossene, in die mörderischen Tendenzen meines Herzens, in das Falsche und Dunkle, in die Leidenschaften der Seele und in die Bedürfnisse und Wünsche, die unter der Oberfläche liegen. Im Gebet darf ich meine Angst und meine Verzweiflung sagen. Ich darf Gott alle Stimmungen und Gefühle zeigen, die ich mir selbst nicht erklären kann. Ich darf bloßlegen, was ich verdrängt habe, was ich bei mir selbst nicht wahrhaben wollte, weil es meine Ehre ankratzt, das Idealbild zerbricht, das ich unbewußt von mir habe. Ich soll vor Gott alles ans Licht kommen lassen, ohne es zu rechtfertigen oder zu entschuldigen, ohne es überhaupt zu bewerten. Ich soll meine Abgründe offenlegen, damit Gottes Licht sie ausleuchten und so für mich bewohnbar machen kann. Nur wenn ich alles Gott hinhalte, wird das Gebet mich befreien. Ich brauche vor nichts in mir Angst zu haben. Es darf alles sein, aber es muß in die Beziehung zu Gott gebracht werden. Was ich von der Begegnung mit Gott ausschließe, das wird mir an meiner Lebendigkeit fehlen, das wird auch von meinem Leben ausgeschlossen. Es wird mich nur hinterrücks überfallen und mir schaden, anstatt meine Beziehung zu Gott zu intensivieren.

Das Gebet muß nicht fromm sein, sondern in erster Linie ehrlich. Ich soll Gott in alle Abgründe meines Herzens hineinschauen lassen, ich soll ihm alle Dunkelheiten hinhalten, alle Verhärtungen, alle Bitterkeiten. Dabei kann es mir helfen, wenn ich auf meinen Leib und auf meine Träume achte. Sie können mir zeigen, wo ich etwas von Gott abgetrennt habe, wo ich mich in Privaträume zurückgezogen habe. Die Verspannungen in meinem Leib deuten darauf hin, daß ich da etwas nicht anschaue und daß ich es auch von Gott nicht anschauen lasse. Meine Träume sagen mir, was noch dunkel und unerlöst ist in mir, wo in meinem Keller etwas modert, weil das Licht Gottes nicht hineindringt. Alle finsteren Winkel und alle verschlossenen Räume meines Hauses soll ich im Gebet Gott hinhalten, damit sein Licht und seine Liebe alles erleuchten und verwandeln. Beten heißt dann, alle Kammern meines Leibes und meiner Seele, meines Bewußten und meines Unbewußten aufzuschließen und Gott dort eintreten zu lassen, daß das ganze Haus meines Lebens von Gott bewohnt und erleuchtet wird.

Wenn ich Gott alles gesagt habe, was mir einfällt und was in der Stille in mir hochkommt, dann soll ich versuchen, ihm meine ganze Wahrheit zu sagen. Wie steht es denn wirklich um mich? Was ist meine wahre Situation? Wo fliehe ich vor Gott, wo bin ich mit mir selbst im Zwiespalt, wo stimmt es nicht mit mir? Dabei geht es nicht so sehr um einzelne Fehler, die ich vielleicht begangen habe, sondern um die Grundfrage meines Lebens. Was will ich denn mit meinem Leben? Wo verschließe ich die Augen vor der Wirklichkeit meines Lebens, vor der Wirklichkeit Gottes? Wo kreise ich nur um Wünsche und Bedürfnisse, anstatt mich Gott zu öffnen? Das Gebet zwingt mich in die Wahrheit. Aber die Wahrheit wird mich auch frei machen. Sie bringt mich wieder in Ordnung, sie macht mich recht, wenn ich verkrümmt war in meinen eigenen Überlegungen und Wünschen. Die Begegnung mit Gott führt mich in meine Wahrheit, führt mich zu mir selbst.

Für viele ist Beten identisch mit Bitten. Das ist sicher zu einseitig. Aber dennoch ist auch das Bitten ein wesentlicher Teil der Begegnung mit Gott. Ich darf Gott um alles bitten, was mir wichtig ist. Bitten heißt zunächst, daß ich meine Bedürfnisse und Wünsche zugebe, daß ich Gott sage, was mir fehlt und wonach ich mich sehne. Bedürfnisse und Wünsche gehören wesentlich zu mir. Und es wäre Stolz, sie zu verdrängen oder sie aus der Begegnung mit Gott herauszuhalten. Ich darf vor Gott alles aussprechen, auch meine Wünsche und Bedürfnisse, auch meine Nöte und Schwierigkeiten. Und ich darf Gott bitten, daß er mir hilft, oder daß er den Menschen hilft, die mir am Herzen liegen. Im Bitten bekenne ich in aller Demut, daß ich bedürftig bin, daß ich nicht ohne bestimmte Bedingungen auskomme. Ich bekenne auch, daß Gott allein mir noch nicht genügt, daß ich auch seine Hilfe brauche, daß mir auch seine Gaben wichtig sind und nicht nur die Begegnung mit ihm. Bitten ist dabei nicht nur ein Sichfügen in den Willen Gottes, sondern zuerst einmal wirkliches Betteln um Hilfe. Ich darf Gott zutrauen, daß er mich versteht und daß er meine Wünsche ernst nimmt. Doch zugleich lasse ich mich im Bitten von Gott in Frage stellen. Indem ich Ihm in aller Freiheit meine Wünsche sage, bekomme ich auch schon Abstand dazu. Ich halte sie Gott hin und lasse mich von Ihm in Frage stellen. Bitten ist dann ein Ringen mit Gott, an dessen Ende die Ergebung in Gottes Willen steht. Aber ich muß mich eben nicht sofort in Gottes Willen ergeben, sondern darf Ihm durchaus meine eigenen Vorstellungen und Wünsche sagen.

Jesus selber fordert uns auf, zu bitten, und er verheißt, daß er auf unsere Bitten hören werde: "Alles, um was ihr in meinem Namen bittet, werde ich tun, damit der Vater im Sohn verherrlicht wird." (Joh 14, 13) Im Gleichnis vom gottlosen Richter und der Witwe macht er uns Mut, ohne Unterlaß zu beten und um unser Recht zu kämpfen. Und er verspricht, daß Gott helfen wird: "Sollte Gott seinen Auserwählten, die Tag und Nacht zu ihm schreien, nicht zu ihrem Recht verhelfen, sondern zögern? Ich sage euch: Er wird ihnen unverzüglich ihr Recht verschaffen." (Lk 18,7f) Wir haben also ein Recht auf Leben und sollen darum kämpfen, auch vor Gott. Doch wir dürfen uns die Erfüllung unserer Bitten nicht zu äußerlich vorstellen. Natürlich kann Gott von außen eingreifen und die äußeren Verhältnisse ändern. Wir dürfen in dem Vertrauen beten, daß Gott wirklich eingreift. Aber zugleich sollen wir sehen, daß das Gebet als Begegnung mit Gott selbst schon die Erfüllung unserer Bitte sein kann. Im Gebet erfahre ich das Recht auf Leben. Da hat kein Feind mehr Macht über mich. Da erfahre ich in Gott eine tiefe Geborgenheit, die stärker ist als alles, was mich am Leben hindern möchte. Im Gebet spüre ich, daß ich nicht allein gelassen bin wie die Witwe, die keine Lobby hat und sich an keinen wenden kann, weil selbst der Richter kein Interesse hat, ihr zu helfen. Im Gebet erfahre ich Gottes Schutz. Das nimmt den äußeren Verhältnissen die Macht über mich. Ganz gleich, ob Gott auch die äußeren Bedingungen ändert, so kann ich in jedem Gebet schon eine Veränderung meiner Einstellung erfahren. Bitten ist immer beides: Gott darum bitten, daß er etwas tut und eingreift, daß er die äußeren Verhältnisse ändert; und im Gebet, im vertrauensvollen Bitten schon eine innere Änderung erfahren, eine Ahnung, daß mir im Grunde nichts schaden kann, daß ich in Gottes Hand bin, ganz gleich, was auch immer geschehen mag.

Noch etwas anderes will das Gespräch mit Gott sein, der Ort der Intimität, an dem ich Gott alles sage, was in meinem Herzen ist an Sehnsucht, an Ahnungen, an Wünschen, an Wunden. Intim werden mit Gott, das heißt, ihm wirklich alle Gefühle auszudrücken, die in mir sind, oft genug verschüttet, weil ich selber Angst vor ihnen habe. Da kommen vielleicht sehr kindliche Gefühle hoch, wie die Sehnsucht nach Geborgenheit und Liebe, Gefühle, die ich vor mir selbst verberge, weil sie mir peinlich sind, weil ich meine, als Erwachsener sei ich doch darüber hinweg. Das Gebet will mir Mut machen, wirklich alles auszudrücken, nichts zurückzuhalten, meine tiefsten Sehnsüchte und alle Defizite meines Lebens, meine Liebe und das Angerührtsein in meinem Herzen. Dabei werde ich mit meinen Worten an Grenzen stoßen. Gebärden können mir helfen, meine intimsten Gefühle auszudrücken. So könnte ich die Hände über der Brust kreuzen und Gott meine Sehnsucht nach Intimität hinhalten. Ein Mitbruder erzählte, daß er manchmal unter die Decke krieche und Gott all das sage, was er sich sonst nicht traue, daß er all die Gefühle Gott hinhalte, die eben nur unter der warmen Decke am Abend aufsteigen, und daß er manchmal ein Kissen an die Brust drücke und so bete, um Gott sein Bedürfnis nach Liebe und Zärtlichkeit zu zeigen. Wenn wir den Mut haben, das vor Gott anzusprechen und auszudrücken, was wir vor uns selbst verbergen, was wir nur in der intimsten Liebe zu einem Partner sagen würden, dann wird unser Leben tiefer und lebendiger. Es verliert alle Langweiligkeit und Durchschnittlichkeit. Wir werden echter und freier. Wir haben keine Angst mehr vor unserem eigenen Herzen. Das Herz beginnt zu schlagen. Wir fühlen: wir sind wirklich da, wir leben. Es ist schön zu leben. Zugleich ist es natürlich auch schmerzlich. Es gibt keine Intimität ohne Verwundbarkeit. Aber gerade das macht uns lebendig und echt. Das Gebet sollte für uns der Ort sein, an dem wir intim sein können, an dem wir mit dem Innersten in uns in Berührung kommen und unser Innerstes Gott hinhalten. Unser ganzes Leben würde davon gewinnen. Die Masken fielen weg. Wir bräuchten nicht soviel Schalen um uns herum. Wir könnten auch Menschen näher an uns heranlassen. Und wir spüren im Innersten, was Menschsein heißt: im Herzen angerührt und angesprochen zu werden, verwundet zu werden von der Liebe Gottes, die uns aufschließt für Gott und für die Menschen.

4. Schweigen vor Gott

Wenn wir Gott alles gesagt haben, was in uns aufsteigt, dann sollen wir uns nicht unter Druck setzen, noch weiter nach Worten zu suchen. Wir können dann einfach vor Gott sitzen und vor ihm schweigen. Das Gebet vollendet sich im Schweigen. So sagt es die Gebetslehre des Mönchtums. Das Schweigen hat dabei zwei Bedeutungen: einmal das Hören und dann das Einswerden mit Gott.

- Schweigen als Hören

Wenn wir Gott alles erzählt haben, was uns bedrängt, sollen wir es damit belassen. Wir sollen darauf vertrauen, daß Gott es gehört hat und daß es bei ihm gut aufgehoben ist. Wir sollen nicht ständig um uns kreisen und Gott nur als Zuhörer benützen, der selbst nichts zu sagen hat. Das gibt es ja auch im menschlichen Gespräch. Manche benutzen einen nur als Mülleimer. Sie erzählen von sich, aber sie wollen gar keinen Rat hören. Sobald man antwortet, meinen sie, das würden wir halt nicht verstehen, unser Rat würde ihre konkrete Situation nicht berücksichtigen, wir hätten ja keine Ahnung, wie es bei ihnen wirklich zugehe. Wenn ich merke, daß ich als Gesprächspartner nicht ernst genommen werde, werde ich aggressiv. Ich habe keine Lust, nur als Mülleimer zu dienen. Ich möchte dem andern begegnen. Das kann ich aber nur, wenn er auch auf mich hört. Sonst wird es nie ein Gespräch. Gott sollen und dürfen wir nie als Mülleimer benützen. Wir sollen ihm die Chance geben, etwas zu sagen.

Aber da meldet sich schon der Zweifel: Wie sagt Gott denn etwas zu mir, wie kann ich ihn hören? Ich höre doch keine Stimme vom Himmel. Nein, ich höre keine lauten Worte. Aber beim Gebet kommen mir Gedanken. Und ich kann mich fragen, woher die Gedanken kommen. Die Psychologie würde sagen, die Gedanken tauchen aus dem Unbewußten auf. Aber warum jetzt gerade dieser Gedanke auftaucht, kann sie auch nicht mit Bestimmtheit erklären. Da ist es durchaus legitim, zu sagen, Gott spreche in den Gedanken zu mir. Es sind meine Gedanken, die in meinem Hirn ablaufen und für Meßinstrumente registrierbar sind. Aber in meinen Gedanken spricht eben Gott zu mir. Natürlich kann ich das auch nicht mit Gewißheit sagen. Ich könnte mir ja auch selbst die Antwort geben. Woher kann ich erkennen, daß Gott in meinen Gedanken zu mir spricht? Die Mönche unterscheiden drei Arten von Gedanken: Gedanken, die von Gott kommen, die von den Dämonen stammen und die aus mir herrühren. Um welche Gedanken sich es jeweils handelt, das kann ich an ihrer Wirkung erkennen. Gedanken, die von Gott stammen, bewirken immer inneren Frieden und eine gelassene Ruhe. Gedanken, die von den Dämonen kommen, erzeugen Unruhe und Angst, sie verkrampfen und verspannen den Leib. Und die Gedanken aus mir heraus zerstreuen mich und machen mich oberflächlich. Sie führen mich von mir selber weg. Ich fühle mich dann zerflossen und ausgegossen. Manchmal scheinen Gedanken sehr fromm zu sein, aber sie kommen doch von den Dämonen, oder wie wir heute lieber sagen würden, vom eigenen Über-Ich. Wenn mir z.B. im Gebet einfällt, was ich falsch gemacht habe, so würden alle Selbstvorwürfe und Selbstzerfleischungen von den Dämonen kommen und nicht von Gott. Wenn ich vor Gott meine Schuld anschaue, dann richte ich meinen Blick mehr auf den barmherzigen Gott als auf meine Schuld. Und ich fühle mich mitten in meiner Schuld von Gott angenommen und geliebt. Der Blick auf Gott erzeugt also trotz meiner Schuld und trotz der Aufforderung, umzukehren, einen inneren Frieden. Wenn ich mich aber selbst zerfleische, weil ich mir die Schuld nicht verzeihen kann, so entspringt das mehr dem eigenen Über-Ich, das sich nicht damit abfinden kann, nicht so ideal zu sein, wie es gerne sein möchte. Wir meinen, wir seien fromm, weil uns unsere Schuld so leid tut. Aber in Wirklichkeit tut sie uns nicht wegen Gott leid, sondern unseretwegen, weil sie das Idealbild zerstört, das wir von uns in uns tragen. Ob also Gott in den Gedanken zu mir spricht, das kann ich an der Wirkung der Gedanken und Gefühle erkennen. Wenn Gott zu mir spricht, erfüllt er mich immer mit einem tiefen Frieden und einer stillen Freude.

Die Frage nach der Herkunft der Gedanken ist gerade auch beim Gebet um Entscheidung wichtig. Der Druck, immer das Bessere zu tun, klingt zwar fromm. Aber er stammt meistens vom eigenen Über-Ich. Wir setzen uns selbst unter Druck und überfordern uns. Wenn z.B. ein junger Mensch vor der Frage steht, ins Kloster zu gehen oder nicht, so laufen oft Gedanken ab, wie: eigentlich müßte ich ins Kloster gehen, denn das ist besser, da diene ich Gott mehr. Wenn dann Ängste hochkommen, dann versucht man sie wegzudrängen, indem man um die Kraft bittet, die man zum Klosterleben braucht. Aber oft entsteht dann ein Überdruck, eine Angst, der Berufung doch nicht gewachsen zu sein. Gott überfordert uns nie. Wir selber sind es, die uns überfordern. Hilfreicher wäre es da, sich die beiden Alternativen vorzustellen und sie in aller Ruhe auszuphantasieren. Wie wäre es, wenn ich in 10 oder 20 Jahren verheiratet wäre, in dem oder jenem Beruf wäre, Kinder hätte, usw? Welche Gefühle kämen da hoch? Und dann soll ich mich mit der andern Alternative anfreunden: wie würde ich mich fühlen als Mönch oder als Schwester in 10 oder 20 Jahren? Und dann soll ich auf die Gefühle achten und sie miteinander vergleichen. Dort, wo mehr innerer Frieden ist, dort will mich Gott haben. Mehr Frieden heißt natürlich nicht, dorthin zu gehen, wo es leichter ist, sondern dorthin, wo ich mehr Übereinstimmung mit meinem inneren Fühlen entdecke. Denn Gott spricht nicht in überzeugenden Argumenten zu uns, sondern in unserem innersten Spüren. Dabei müssen wir zwei Ebenen in uns unterscheiden: die eine Ebene, die halt oberflächlich alle Wünsche erfüllt haben möchte, und die andere Ebene, die wir nur erreichen, wenn wir still genug in uns hineinhorchen und uns vor Gott in unser innerstes Fühlen hineinspüren. Auf dieser Ebene spricht Gott zu uns. Und auch alle Worte Jesu, die uns manchmal überfordern möchten, sind an diese Ebene gerichtet, um uns herauszufordern zu einem Leben, das unserem innersten Wesen entspricht. Manchmal zeigt mir Gott bei so einem Gebet gar nichts. Dann ist es eben ein Hinweis, daß die Zeit für die Entscheidung noch nicht reif ist, daß ich in aller Demut und Geduld noch warten muß, bis Gott mir eindeutiger zeigt, was für mich der richtige Weg ist.

Gott spricht nicht immer sofort zu uns. Wir müssen vielmehr lange in die Stille hineinhorchen, bis wir sensibel werden für das, was Gott uns sagen möchte. Zu schnell möchten wir Gott unsere eigenen Gedanken in den Mund legen. Wenn Gott schweigt, zwingt er uns, tiefer hineinzufragen, wer dieser Gott wirklich ist. Er lehrt uns, unsere eigenen Phantasien nicht mit Gott und Gottes Worten zu verwechseln. Das Schweigen Gottes macht uns feinfühlig, ob wir in unserem schweigenden Harren nicht doch noch etwas von Gott vernehmen können. Augustinus sagt einmal:

"Der ist der beste deiner Diener, dem weniger daran liegt, zu hören, was er will, als nur zu wollen, was er von dir hört."[5]

Das Schweigen Gottes erzieht uns dazu, auf das zu hören, was Gott von uns will, und es hindert uns daran, uns die Antwort selber zu geben. Es fordert uns heraus, uns noch weiter dem Geheimnis Gottes zu öffnen und unsere Bilder noch mehr von Gott zerbrechen zu lassen, bis wir offen werden für den wirklichen Gott. Es gibt Phasen des Gebetes, da wir an der Abwesenheit Gottes leiden. Wir haben das Gefühl, gegen eine leere Wand zu sprechen und keine Antwort zu bekommen. Ja, wir haben Angst, im Gebet allein mit uns selbst zu sein. Wir dürfen die Abwesenheit Gottes nicht vorschnell überspringen, sondern müssen sie aushalten. Natürlich ist Gott gegenwärtig, aber wir erfahren ihn als abwesend, weil wir selbst nicht bei uns sind, weil wir nicht in der Wahrheit sind. Die Abwesenheit Gottes auszuhalten, bedeutet daher, vor Gott wieder in die Wahrheit zu kommen, die eigenen Projektionen aufzugeben und den ganz andern Gott hinter allen Vorstellungen zu entdecken. Und es bedeutet, daß wir das Gebet nicht selber machen können, sondern daß wir angewiesen sind auf Gottes Kommen. Es ist seine freie Entscheidung, uns zu begegnen. Vielleicht wartet er mit der Begegnung, weil wir noch nicht fähig sind, ihm wirklich gegenüberzutreten. Er wartet solange, bis wir bereit sind, ihm entgegenzugehen. Und diese Bereitschaft nennt die Bibel Umkehr, metanoein, umdenken, seine Gedanken aus der Zerstreuung zurücknehmen und auf Gott hin wenden. Gott ist nicht ein Gedanke unter vielen. Und wir können ihm nicht begegnen, wenn wir mit unsern Gedanken außerhalb von uns spazierengehen. Wir müssen die Gedanken in unser Herz zurückbinden. Gott begegnen wir nur in unserem Herzen. Die Abwesenheit Gottes auszuhalten, heißt geduldig immer wieder in sein eigenes Herz zurückkommen, um dort auf Gott zu hören.

- Schweigen als Einswerden

Auch das Schweigen als Einswerden hat zwei Aspekte: einmal das Einswerden mit dem Du Gottes, das mir gegenübersteht, zum andern das Einswerden mit dem Gott in mir selbst. Zunächst ist das Schweigen ein Einswerden mit Gott als dem, der mich liebend anschaut. Wir alle wissen um die Erfahrung, daß Worte tiefe Kommunikation stiften können. Worte können die Menschen unmittelbar an das Geheimnis Gottes heranführen. Das zeigen uns die berühmten Gespräche Augustins mit seiner Mutter Monika und Benedikts mit seiner Schwester Scholastika. Augustinus selbst schildert das Gespräch mit seiner Mutter. Es führte zu dem Punkt, wo die Zeit still stand und das Geheimnis Gottes selbst hereinleuchtete. Jedes weitere Wort hätte dieses Geheimnis zerstört. Jetzt war das Schweigen die angemessene Reaktion, es war die Bedingung, daß die beiden miteinander und mit Gott eins werden konnten. Wenn zwei Menschen sich lieben, so tauschen sie sich im Gespräch aus, damit sie sich immer vertrauter werden. Aber dann kommt auch für sie der Punkt, wo jedes weitere Wort die Gemeinschaft zerreden würde. Sie schweigen miteinander, nicht weil sie sich nichts mehr zu sagen haben, sondern weil sie noch in einer tieferen Weise miteinander eins werden möchten. Worte tragen in sich immer auch die Gefahr des Mißverständnisses. Das Schweigen ermöglicht ein Einswerden ohne die Grenzen des Wortes, ein Einswerden im Herzen.

So ist das Schweigen als Vollendung des Gebetes ein sehr personales Schweigen, ein Schweigen vor und mit Christus, ein Schweigen vor und mit Gott, der mich liebt. Ich sitze einfach da und lasse mich von Gott oder von Jesus Christus liebend anschauen. Ich muß nichts leisten. Ich gönne es mir, einfach vor Gott zu sein und mich von ihm lieben zu lassen. Zu dem Metropoliten Anthony kam einmal eine alte Dame, die klagte, daß sie trotz häufigen Betens nie ein Gefühl der Gegenwart Gottes habe. Der Metropolit gab ihr den Rat, sie brauche die nächsten Wochen überhaupt nicht zu beten, sie solle vielmehr einfach eine Viertelstunde dasitzen, den Frieden in ihrem Zimmer erspüren und sich an ihm freuen und dann vor dem Angesicht Gottes stricken. Nach einiger Zeit kam sie wieder und erzählte:

"Es ist ganz merkwürdig. Wenn ich zu Gott bete, genauer, wenn ich zu ihm spreche, fühle ich nichts, doch wenn ich still dasitze, ihm gegenüber, dann fühle ich mich in seine Gegenwart eingehüllt."[6]

Benedikt versteht das Gebet ähnlich als ein ständiges Leben vor den Augen des göttlichen Beschauers. Wir müssen nichts leisten, sondern wir sind vor ihm und alles, was wir tun, tun wir vor seinen liebenden Augen. Das gibt unserem Leben eine andere Dimension. Das Leben vor den Augen des liebenden Gottes wird in der monastischen Literatur vor allem im "Lob der Zelle" beschrieben. Die Zelle ist der Raum, in dem der Mönch allein mit Gott ist und sich ohne Unterlaß mit ihm unterhält. So prägen die Mönche den schönen Satz: Cella est coelum. Die Zelle ist der Himmel, in dem wir zusammen mit Gott wohnen. Sie ist ein valetudinarium[7], ein Raum, in dem wir heil und gesund werden in seiner Gegenwart. In dieser Gegenwart Gottes, im stillen Verweilen vor Ihm, da wächst auch die Liebe zu Ihm. Es ist eine sehr menschliche Stille, Stille vor Gott, Stille bei Christus. Es ist wie bei einer Freundschaft. Man verweilt vor ihm, gemeinsam mit ihm, man ist da, ohne Absicht, frei von allem. Die Freude an der Gegenwart des andern genügt. So kommt man in Gott zur Ruhe, erspürt etwas von der Stille der Ewigkeit.

Diese Erfahrung besingen die Mönche immer wieder, wenn sie ihr Leben in der Zelle reflektieren. Die Theologie der Zelle ist nichts anderes als eine Theologie des Lebens in der Gegenwart Gottes. Abba Makarius definiert den Mönch von seinem Leben mit Gott in der Zelle:

"Er ist Mönch genau deswegen, weil er sich allein mit Gott unterhält Tag und Nacht."[8]

Und an anderer Stelle:

"Das, was für den Mönch notwendig ist, der in der Zelle sitzt, ist, daß er in sich seinen Verstand sammelt fern von allen Sorgen der Welt, ohne ihn in den Eitelkeiten dieser Welt herumvagabundieren zu lassen, daß er auf ein einziges Ziel ausgestreckt sei, sein Denken ständig auf Gott allein richtet, jederzeit ohne Zerstreuung bleibt..., sondern daß sein Geist und sein ganzer Sinn in der Gegenwart Gottes sich hält, um so das Wort des Apostels zu erfüllen: Damit die Jungfrau ganz nahe beim Herrn sei, völlig frei von Zerstreuung."[9]

Die Zelle ist für die frühen Mönche die Freiheit und Offenheit für den gegenwärtigen Gott. In der Zelle sein, heißt, vor dem gegenwärtigen Gott selbst ganz gegenwärtig sein, ganz nahe beim Herrn sein, wie zwei Menschen, die sich einander lieben, an ihrer Gegenwart genug haben.

Wilhelm von St. Thierry entfaltet dieses Lob der Zelle in seinem goldenen Brief noch weiter:

"Die Zelle ist das heilige Land und der heilige Ort, an dem der Herr und sein Diener häufig miteinander reden, wie ein Mann zu seinem Freund, und an dem die treue Seele mit dem Wort Gottes verbunden wird, wie die Braut mit dem Bräutigam, wie das Himmlische sich mit dem Irdischen und das Göttliche mit dem Menschlichen sich vereint."[10]

So ist das Ziel der Zelle, mit dem Herrn eins zu werden in einer intimen Liebe, wie sie sonst nur zwischen Freunden oder zwischen Braut und Bräutigam möglich ist. Für Evagrius Ponticus besteht darin das Ziel des Mönchtums und zugleich die höchste Würde des Menschen:

"Was kann es Größeres geben, als ganz persönlich mit Gott zu sprechen und ganz in seiner Gegenwart zu leben? Ein Gebet, das durch nichts mehr abgelenkt wird, ist das Höchste, das der Mensch zu Wege bringt."[11]

Unter Gebet versteht Evagrius das Ausgerichtetsein aller Seelenkräfte auf Gott, ganz gegenwärtig vor dem gegenwärtigen Gott sein. Es ist das höchste Geschenk, das Gott dem Menschen machen kann. Es erhebt den Menschen über seine eigene Natur und macht ihn den Engeln gleich: "Der Mensch, der wirklich betet, ist den Engeln gleich. Denn inständig sehnt er sich danach, seinen Vater zu schauen, der im Himmel ist." (Gebet 113)

Um wirklich beten zu können, muß der Mensch jedoch alle Zerstreuungen lassen und seine ganze Aufmerksamkeit auf den gegenwärtigen Gott richten:

"Selig ist jener Geist, der, ohne Zerstreuung betend, immer tieferes Verlangen nach Gott empfindet." (Gebet 118)

"Wenn du mit innerer Aufmerksamkeit das Gebet suchst, wird es dir nicht vorenthalten, denn die Aufmerksamkeit ist das Mittel, das ihm am besten den Weg bereitet. Sie mußt du also pflegen." (Gebet 149)

Erst im Gebet entdeckt der Mensch seine volle Würde, daß er berufen ist, vor Gott zu sein und mit Gott eins zu werden. Ohne Zerstreuung beten zu können, ganz und gar auf Gott ausgerichtet zu sein, in Gott zur Ruhe zu kommen, im leidenschaftslosen Teil der Seele eins zu sein mit Gott, das ist das Höchste, was ein Mensch erreichen soll. Und um dieses Zieles willen soll er alles andere aufgeben. In diesem Sinn deutet Evagrius das Nachfolgewort Jesu um:

"Geh, verkaufe, was du hast, und gib das Geld den Armen, nimm dein Kreuz auf dich, damit du, ohne abgelehnt zu werden, beten kannst." (Gebet 17)

Wir werden jedoch nicht nur eins mit dem Gott, der uns anschaut, der uns gegenüber als Du da ist, sondern auch mit dem Gott, der in uns ist. So sieht es die Mystik, so sieht es das frühe Mönchtum.

Für Evagrius besteht das Ziel des Gebetes in der contemplatio, im Einswerden mit dem Gott im Innersten der Seele. Evagrius stellt es sich so vor, daß Gott im leidenschaftslosen Teil der Seele wohnt. Das Ziel des Gebetes ist daher die Freiheit von allen Leidenschaften als Voraussetzung, ohne Zerstreuung beten zu können:

"Wenn schon Moses sich dem brennenden Dornbusch so lange nicht nähern konnte, bis er seine Schuhe ausgezogen hatte, warum solltest du dich dann nicht erst von jedem deiner durch Leidenschaft verursachten Gedanken lösen, damit du dem einen dich nähern kannst, der jenseits aller Gedanken und Begriffe ist?" (Gebet 4)

Die erste Voraussetzung des reinen Betens, in dem ich mit Gott eins werde, ist die Freiheit von Leidenschaften. Aber letztlich geht es um die Freiheit von sich selbst. Ich soll mich selbst Gott hingeben. Nur dann werde ich ihn in meinem Innersten erahnen.

"Verlangt dich danach, zu beten? Dann gib alles her, so wird dir alles gegeben werden." (Gebet 36) Wahres Gebet ist für Evagrius der Zustand unerschütterlicher Ruhe. Es führt den Menschen "zu den höchsten Höhen der Wirklichkeit" (Gebet 52) und läßt ihn eins werden mit Gott. Aber dieser Gott ist nicht nur außerhalb von uns, sondern er ist genauso auch in uns. Contemplatio ist der Weg in den leidenschaftslosen Teil der Seele, in dem den Menschen kein Gedanke und kein Gefühl, kein Bild und keine Vorstellung von Gott trennen. Die Mystiker haben diesen leidenschaftsfreien Teil des Menschen mit verschiedenen Bildern beschrieben. So spricht Tauler vom Seelengrund, Meister Eckehart vom Seelenfünklein, Katharina von Siena von der inneren Zelle, Teresa vom innersten Gemach der Seelenburg. Dort wohnt Gott und dort hat sonst niemand anders Zutritt, weder

Menschen, noch Probleme, weder Gedanken noch
Gefühle, weder Sorgen noch Ängste. Gebet ist
der Weg in diesen Ort der inneren Stille, in diesen
Raum, der allein von Gott ausgefüllt ist. Dieser
Raum des reinen Schweigens ist in einem jeden
von uns. Aber oft genug ist er verschüttet. Im
Gebet verschaffen wir uns wieder Zutritt zu diesem Ort. Wir durchbrechen die Welt der Gedanken und Gefühle, wir durchbrechen die Schicht
des Seelenmülls, der sich in unserem Herzen
angesammelt hat, um vorzustoßen an diesen Ort
der Liebe und des Friedens, an diesen Ort Gottes
in uns.

Es gibt zwei Weisen des Gebetes: mein Leben vor
Gott zur Sprache bringen, Gott alles erzählen und
hinhalten, was in mir auftaucht. Und dann das
Beiseitelassen des Alltags, der Gedanken und
Gefühle und das Hinabsteigen in den Raum, der
allein von Gott bewohnt ist. An diesem Ort erahne ich, daß Beten eine Wohltat für mich ist, eine
Befreiung, ein Aufatmen. Es ist ein weiter Raum,
in den ich im Gebet vorstoße. Niemand engt mich
ein. Gott läßt mich dort weit werden, frei, echt.
Ich komme nicht nur mit Gott in Berührung, sondern durch ihn auch mit meinem eigenen wahren
Kern. In Gott finde ich auch in neuer Weise zu
mir. Und dort kann ich auf neue Weise die Frage
beantworten, wer ich eigentlich bin. Ich bin nicht
nur der, der durch seine Vergangenheit bestimmt
ist, durch seine Beziehungen, durch seine Arbeit,
durch sein persönliches Fühlen, sondern ich bin
von Gott berührt, ich bin gottunmittelbar. Ich
bin der, in dem Gott selber wohnt. Ja, ich bin der,
in dem Gott sein Wort sagt, ein einmaliges Wort,
das er nur in mir spricht. In den Raum Gottes
vorstoßen, heißt auch, das Geheimnis des eigenen
Selbst berühren, zu mir selbst finden. In diesem
Raum hat keiner Macht über mich, da erreichen

mich nicht die Sorgen des Alltags, da bin ich auch für Menschen unerreichbar, da bin ich allein mit meinem Gott. Und das Wort der hl. Teresa, daß Gott allein genügt, das wird hier zu einer beglükkenden Erfahrung. Teresa meint damit nicht einen moralischen Appell, alles zu lassen, sondern sie beschreibt ihre eigene Erfahrung, daß sie in Gott alles gefunden hat, daß das Einswerden mit Gott genügt, ihre tiefste Sehnsucht zu erfüllen. In Gott kommt das Herz zur Ruhe, da weitet es sich und darf das Glück kosten, das Gott ihm schenkt. Dieser Ort, in den uns das Gebet letztlich hineinführt, ist von der transpersonalen Psychologie näher beschrieben worden.[12] Es ist der Punkt, an dem wir alle Identifizierung mit unseren Problemen aufheben, an dem wir uns nicht mehr von der Welt her definieren, nicht mehr von unserer Leistung, nicht mehr von unserem Wohlbefinden, nicht mehr von Zuwendung oder Anerkennung, nicht mehr von unseren Beziehungen, nicht mehr von unserer psychischen Reife. An diesem Ort stoßen wir mitten in uns auf die Transzendenz, auf den Gott, der unser Ich transzendiert und uns gerade so zum Geheimnis des eigenen Selbst führt. Weil wir uns nicht mehr von der Welt her definieren, sondern von Gott her, hat die Welt auch keine Macht mehr über uns. Die Menschen mit ihren Erwartungen und Ansprüchen, mit ihrem Urteilen und Verurteilen, erreichen uns nicht mehr. Im Ort des reinen Gebetes hat nur Gott zu uns Zutritt. Und er befreit uns von aller äußeren Macht, auch von der Macht des eigenen Über-Ichs, von der Macht unserer eigenen Erwartungen und Ansprüche. Im Gebet tauchen wir ein in den Grund unseres Lebens, der reine Gnade ist, nicht mehr unser Verdienst, in den Grund, der nur noch von Gott erfüllt ist und nicht mehr von Menschen, auch nicht mehr von unserem kleinen

Ich, das alles festhalten will. Wenn wir uns selbst in diesen Ort hinein loslassen, erahnen wir, daß Gott uns wahre Freiheit schenkt und daß Gott uns letztlich in das Geheimnis des eigenen Selbst hineinführt.

Die Mönche sprechen in vielen Bildern davon, daß wir uns im Gebet in den Ort des reinen Schweigens zurückziehen sollen. So sagt Isaak von Ninive:
"Bestrebe dich, in die Schatzkammer, welche in deinem Inneren ist, einzugehen, so wirst du die himmlische sehen! Denn jene und diese ist eine und dieselbe. Durch ein Hineingehen wirst du beide schauen! Die Leiter zum Himmelreiche ist in dir verborgen in deiner Seele. Tauche von der Sünde hinweg in dich selbst unter, so wirst du dort Stiegen finden, auf welchen du hinaufsteigen kannst."[13]
Das Gebet ist also der Weg in die innere Schatzkammer, in den Raum in uns, in dem Gott selbst wohnt. Aller Reichtum, den wir erwerben können, ist in uns. Wir müssen uns nur im Schweigen und im Gebet nach innen wenden und an diesen Ort vorstoßen, an dem wir mit Gott den ganzen Reichtums unseres Leben entdecken, den Schatz im Acker, die kostbare Perle, um deretwillen es sich lohnt, alles andere zu verkaufen.
Für Bernhard von Clairvaux ist der Weg zu diesem inneren Ort zugleich auch ein Weg in den Abgrund des göttlichen Schweigens, in den Schoß des Vaters:
"Aus dem Schweigen kommt alle Kraft. Im Schweigen versinken wir in den Schoß des Vaters und gehen zugleich mit seinem ewigen Wort wieder hervor. In Gottes Abgründen zu ruhen bedeutet Heilung für die Wirrnisse der Welt. Die Ruhe Gottes beruhigt alles."

Damit beschreibt Bernhard das Ziel des Betens: frei zu werden von allen störenden Gedanken, in den Abgrund der göttlichen Liebe eintauchen, dort schweigend zur Ruhe kommen, heil werden, versöhnt mit sich und seinem Gott und dadurch versöhnt mit der ganzen Welt, ganz gegenwärtig, ganz echt, lauter und klar, lebendig und frei. Begegnung mit Gott ist letztlich Einswerden mit Ihm und dadurch Gewinnen einer neuen Identität, Eintauchen in den Schoß des Vaters und gemeinsam mit Christus, dem ewigen Wort, wieder als neuer Mensch Hervorgehen. Gebet als Begegnung ist Verwandlung, Neuschöpfung des Menschen durch den ewigen Vater.

Die vier Schritte des Gebetes, wie wir sie beschrieben haben, sind natürlich kein starres Schema, das man bei jedem Beten erfüllen müßte. Sie geben eine Struktur des Gebetes an, die uns helfen kann, persönlich zu beten. Es kann aber sein, daß ich bei dem einen oder andern Punkt stehen bleibe oder daß ich wieder mal einen Schritt zurückgehe, um erneut zum letzten Schritt des Schweigens vorzustoßen. Entscheidend ist, daß ich im Gebet Gott begegne und in der Begegnung mit ihm verwandelt werde. Nur in der Begegnung findet der Mensch sein eigenes Ich und nur in der Begegnung wird er lebendig, berührt er sein Wesen. Was Buber von der Begegnung mit einem menschlichen Du gesagt hat, das gilt in noch höherem Maße von der Begegnung mit dem göttlichen Du. Da dürfen wir erfahren, daß alles wirkliche Leben Begegnung ist, daß wir erst in der Begegnung mit dem göttlichen Du zum Ich werden und daß uns erst vor Gott und in Gott aufgeht, wer wir wirklich sind. Dabei müssen wir immer berücksichtigen, daß Gott persönlich und zugleich überpersönlich ist, ein Du, dem wir begegnen, und der Urgrund aller personalen

Begegnung, das Sein schlechthin, die wahre Wirklichkeit, durch die wir erst selber wirklich werden. Nur wenn wir am Sein Gottes teilhaben und mit Gott eins werden, sind wir wirklich und können mit uns selbst eins werden.

Wir könnten natürlich die Begegnung zwischen Gott und uns im Gebet auch von Gott her betrachten. Allerdings müssen wir uns immer bewußt sein, daß wir dann auf sehr menschliche Weise von Gott reden (anthropomorph). Doch die Bibel spricht so menschlich von Gott und auch die Mystiker haben ihre Begegnung so beschrieben, daß Gott sich über ihr Gebet freut, daß er darauf wartet. Theologisch müssen wir sagen, daß Gott unser Gebet nicht braucht, er ist in sich genug. Aber von der personalen Liebe Gottes her, die uns in Jesus Christus erschienen ist, können wir auch sagen, daß Gott aktiv mit uns umgeht. Er schaut uns wohlwollend an und im Licht der Sonne, das unsern Leib durchdringt, können wir seinen Blick wahrnehmen. Er streichelt uns zärtlich in unserem Atem, der den ganzen Leib durchdringt, und hüllt uns ein mit seiner Gegenwart in der Atmosphäre, die uns umgibt. Und Gott wartet auf uns, daß wir uns ihm zuwenden und in der Begegnung mit ihm heil werden. Gott ist zugleich der, der in sich ruht und unser Gebet nicht braucht, weil er an sich selbst genug hat. Und er ist doch auch der, der sich freut, wenn wir seine Einladung annehmen und uns auf die Begegnung mit ihm im Gebet einlassen. Das Geheimnis Gottes und das Geheimnis des Gebetes können wir nur erahnen, wenn wir zugleich in beide Richtungen denken und fühlen. Gott ist der Urgrund allen Seins, in den wir im Gebet hineintauchen dürfen, und er ist zugleich der Liebende, der auf die Antwort unserer Liebe wartet und dem wir als Partner begegnen dürfen, gleichberechtigt ihm gegenübertretend, von ihm ernst genommen. Wir dürfen ihn ansprechen und er spricht uns an. Ein Dialog der Liebe hebt an, eine Begegnung, die immer wieder neue Aspekte an Gott und an uns aufleuchten läßt.

II. Orte der Begegnung

Nachdem wir nun die vier Schritte des Gebetes als Begegnung nachgegangen sind, sollen vier Orte konkret beschrieben werden, an denen das Gebet als Begegnung erfahren werden kann. Der erste Teil bezog sich auf das persönliche Beten, in dem ich keine bestimmte Absicht habe, sondern mit meiner momentanen Verfassung einfach Gott gegenübertrete. Die vier Orte beschreiben nun verschiedene Formen des Betens, wie sie die geistliche Tradition entfaltet hat. Dabei habe ich mich auf Formen beschränkt, die sich auf das Gebet des einzelnen beziehen. Bei diesen Gebetsweisen gibt es eine Vorgabe. Ich trete nicht einfach Gott gegenüber, sondern ich tue es in einer bestimmten Weise, entweder indem ich zu ihm komme, um für andere Menschen zu beten, oder indem ich Ihn bewußt anbeten will als meinen Herrn und Gott, oder indem ich auf Sein Wort in der lectio divina horche und ihm betend antworte, oder aber indem ich versuche, mit einer bestimmten Methode das unablässige und innere Gebet zu üben, um aus der ununterbrochenen Begegnung mit Gott heraus zu leben.

1. Das Gebet füreinander

Im Gebet begegne ich nicht nur Gott, sondern auch in neuer Weise meinen Brüdern und Schwestern. Wenn ich für einen andern Menschen bete, dann sehe ich ihn mit neuen Augen. Ich lasse meine Vorurteile los und sehe ihn mit den Augen Gottes. Das bringt mich in eine neue Beziehung zu ihm. Im Gebet fühle ich mich auf eine tiefe Weise mit dem andern verbunden, auf eine Weise,

die Gefühle einschließt, aber zugleich auch über-
steigt. Ich habe neue Hoffnung für ihn und oft
fällt mir dann im Gebet ein, was ich dem andern
sagen oder schreiben könnte. Das Gebet bringt
Bewegung in die Beziehung, es regt die Phantasie
an zu neuer und intensiver Begegnung.

Für den andern beten bedeutet nicht, nur eine
kurze Fürbitte zu formulieren. Vor allem aber
heißt es nicht, Gott vorzuschreiben, was er am
andern tun soll. Manchmal ist unser Gebet für
den andern eher ein Gebet gegen ihn. Wir bitten
Gott, daß der andere endlich vernünftig werde,
daß er endlich einsehe, was wir möchten. Wir
versuchen dann, Gott zu manipulieren, daß er
unsere Wünsche erfülle, die wir an den andern
haben. Doch dann kann keine Begegnung statt-
finden. Für den andern beten würde bedeuten: ich
stelle mir den andern vor, fühle mich in ihn hinein.
Wonach sehnt er sich, worunter leidet er, welche
Gedanken und Gefühle bewegen ihn, wenn er
allein ist, wenn er betet? Was täte ihm wirklich
gut? Wenn ich mich eine zeitlang in ihn hineinge-
fühlt habe, kann ich Gott bitten, daß er ihm das
schenken möge, was er braucht, daß er ihn segnen
möge. Ich kann versuchen, ihm zu wünschen, was
ihm gut tut. Aber bald werde ich merken, daß ich
mit meinen Worten nicht weiterkomme. Mir fallen keine neuen Worte mehr ein. Dann kann ich
immer nur wiederholen: Herr segne ihn, segne
sie. Ich muß dabei meine Gefühle nicht vergewal-
tigen. Aber wenn ich immer wieder sage: Herr
segne ihn/sie, dann werden sich auch meine Gefühle wandeln. Ich werde in mir Wohlwollen dem
andern gegenüber spüren. Vor allem werden meine
Vorurteile verschwinden und ich werde ihn mit
andern Augen sehen. Ich werde ihm besser gerecht. Ich fühle eine innere Verbindung. Es entsteht eine Beziehung.

Ein Bild, das mir beim Gebet für den andern helfen könnte, wäre: ich stelle mir vor, daß ich mit dem andern verbunden bin wie zwei kommunizierende Röhren. Beim Einatmen strömt Gottes Liebe in mich ein und beim Ausatmen strömt sie in den kommunizierenden Röhren zum andern hin. Die Liebe Gottes, die in mich einfließt, ist jenseits des Gefühls. Ich muß sie nicht spüren. Ich muß nur daran glauben. Sie ist in mir. Aber sie wird in mir nur dann lebendig bleiben, wenn ich sie nicht egoistisch für mich behalte, sondern wenn ich sie weiterströmen lasse. Dabei regt sich manchmal Widerstand in mir. Soll ich mich wirklich dem andern so öffnen, habe ich dann nicht teil an seinem inneren Chaos? Ich kann es mir nicht leisten, mit diesem chaotischen und kaputten Menschen verbunden zu sein, von seinen bitteren und giftigen Gefühlen, von seinen Aggressionen überschwemmt zu werden. Ich muß mich schützen und mich von ihm abgrenzen. Diesen Schutz brauche ich aber nur, wenn es um ein rein menschliches Sichöffnen ginge. Aber wenn ich mir vorstelle, daß Gottes Liebe durch unsere kommunizierenden Röhren fließt, dann brauche ich keine Angst zu haben, von den Gefühlen des andern überschwemmt zu werden. Dann darf ich vertrauen, daß da eine heilende Verbindung entsteht, daß Gottes Liebe durch uns hindurchströmt und uns beide zu heilen vermag.

Die Verbindung im Gebet ist jenseits von Verstand und Gefühl, sie geschieht auf dem Grund der Seele. Sie kann von Gefühlen des Wohlwollens und der Liebe begleitet sein, muß aber nicht. Entscheidend ist, daß ich mich auf dem Grund meiner Seele für Gott öffne und in Gott auch für das innerste Geheimnis des Menschen, für den ich bete. Je tiefer ich mich Gott öffne, desto mehr öffnet er mich den Menschen gegenüber. Auf dem

Grund meines Herzens begegne ich auch dem Herzen meiner Brüder und Schwestern. Das hat Siddharta erfahren, als er am Fluß lag und die Erleuchtung empfing. Da fühlte er sich auf einmal eins mit allen Menschen. Da urteilte er nicht mehr über die, die so billigen Vergnügen nachgingen, die sich um kindische Sorgen kümmerten. Er spürte eine tiefe Einheit mit diesen "Kindermenschen", einen tiefen Frieden. Gott hat ihn in der Erleuchtung eins werden lassen nicht nur mit dem Grund der Welt, sondern auch mit allen Menschen.[14] Das echte Beten führt immer auch zu einer tiefen Begegnung mit den Menschen. Dabei kann diese Begegnung entweder über das bewußte Beten und Denken, über das Sichhineinfühlen in den andern geschehen, oder aber durch das Hinabsteigen in den eigenen Seelengrund, um mich in ihm im Tiefsten mit allen Menschen verbunden zu fühlen. Starez Siluan meint von diesem letzteren Gebet, er brauche keine Zeitung zu lesen, um für die andern beten zu können. Im Gebet fühlt er sich tief verbunden mit allen Menschen. Aber beten ist für ihn auch nichts Unverbindliches, sondern es heißt: sein Herzblut geben für die andern, sich mit seiner ganzen Liebe und Hingabe in den andern einfühlen, mit ihm leiden und gemeinsam mit ihm vor Gott treten und sich gemeinsam vor Gott hinhalten. Siluan beschreibt, wie er täglich für seine Arbeiter betet und wie sein Gebet eine Atmosphäre schafft, in der sich die Arbeiter angenommen fühlen und daher auch bereit sind, ihre Arbeit gut zu verrichten:

"Nie komme ich morgens zu meinen Leuten, ohne vorher für sie gebetet zu haben, und mein Herz schlägt für sie voll Mitgefühl und Liebe. Gehe ich zu ihnen in die Arbeitsräume, dann kommen mir meist Tränen des Mitleids. Ich weise ihnen die Arbeit für den Tag zu, und solange sie arbeiten, bete ich für sie. Ich gehe auf meine Zelle und bete für jeden ganz persönlich. Ich stelle mich vor Gott hin und sage zu ihm: 'Ach, Herr, denk doch an Nikolaus. Er ist noch jung, erst zwanzig. Er hat sein Dorf und seine Frau, die noch jünger ist als er, verlassen, und sie haben ein Kind. Stell dir vor, wie traurig sie sind, daß er fortgehen mußte. Aber sie hätten zu Hause von seiner Arbeit nicht leben können. Schütze seine Familie, solange er fort ist. Bewahre sie vor allem Bösen. Gib dem jungen Mann Mut, dieses Jahr durchzustehen, und schenke ihm eine fröhliche Heimkehr, genug Geld und viel Mut, den Schwierigkeiten zu begegnen.' .. Anfangs betete ich mit Tränen des Mitleids für Nikolaus, seine Frau und sein Kind. Während ich betete, begann ich die Nähe Gottes zu spüren. Allmählich wurde dieses Gefühl so stark, daß ich nicht mehr an Nikolaus, seine Frau, sein Kind und ihr Dorf denken konnte. Ich konnte nur noch an Gott denken. Seine göttliche Gegenwart zog mich immer tiefer und tiefer zu ihm hin, bis ich plötzlich im Herzen Gottes entdeckte, daß seine Liebe Nikolaus, dessen Frau und Kind voll Zärtlichkeit umfaßte. Jetzt begann ich mit Gottes Liebe für sie zu beten, aber wiederum wurde ich in die Tiefe hineingezogen, wo ich wieder die göttliche Liebe fand."[15]

Im Gebet für den andern begegne ich ihm in einer neuen und tiefen Weise. Ich fühle mich im Innersten mit ihm verbunden. Ich sehe ihn mit neuen Augen. Das Gebet für den andern ändert zunächst einmal mich. Ich sehe den andern mit neuen Augen, nicht mehr von meinem Ärger oder meiner Enttäuschung her, sondern von Gott her. So bekomme ich neue Hoffnung für ihn. Ich kann ihm dann auch in der Wirklichkeit anders begegnen. Wenn ich mit einem Mitbruder eine Auseinandersetzung hatte, fühle ich mich irgendwie blockiert, wenn ich ihm das nächste Mal begegne. Wenn ich dagegen für ihn gebetet habe, kann ich ihm unbefangen gegenübertreten. Das Gebet hat mich verändert und ermöglicht so auch ein neues Miteinander. Das Gebet bewirkt eine andere Ausstrahlung. Wir meinen, wir könnten unsere negativen Gedanken dem andern gegenüber zurückhalten und es komme nur darauf an, ihm nach außen hin anständig zu begegnen. Doch in Wirklichkeit spürt der andere, was von uns ausströmt. Das Gebet verändert unsere Ausstrahlung. Die transpersonale Psychologie würde sagen, sie würde positivere Schwingungen bewirken. Wie immer wir das auch erklären mögen, auf jeden Fall kann das Gebet die Voraussetzungen für eine gute Begegnung mit dem Bruder oder der Schwester schaffen.

Das Gebet verändert aber nicht nur mich, sondern auch den andern. Einmal kann der andere auch mir anders begegnen, wenn von mir eine positivere Ausstrahlung ausgeht. Zum andern fühlen sich Menschen in tiefer Weise angenommen und mit uns verbunden, wenn wir für sie beten. Wenn Jugendliche, die bei uns zum Kurs waren, wissen, daß wir jeden Morgen und Abend für sie beten, dann fühlen sie sich mit uns verbunden, dann fühlen sie sich nicht mehr einsam. Mir hat ein junger Mann geschrieben, wie gut es ihm tut, morgens beim Aufstehen daran zu denken, daß er nicht in einen leeren und fremden Raum hinein aufstehe, sondern in einen Raum, der vom Gebet der Mönche durchdrungen ist. So schafft das Gebet über die räumlichen Entfernungen hinweg eine tiefe innere Verbindung. Für viele Menschen ist es wichtig zu wissen, daß wir immer um die gleiche Zeit für sie beten. Sie fühlen sich dann getragen, angenommen, geliebt. Und sie fühlen sich durch unser Gebet mit Gott verbunden, aber auch mit uns.

Aber das Gebet hat auch eine Wirkung auf den andern, selbst wenn der andere nicht weiß, daß wir für ihn beten. Für Starez Siluan kann die Welt nur bestehen, weil zu jeder Zeit auf dieser Erde gebetet wird. Wir wissen nicht, wer die wirklichen Veränderungen im menschlichen Geist bewirkt, wer etwa bei so großen Umwälzungen in der Friedenspolitik wirklich die Mauern zwischen den Völkern und Menschen niederreißt, ob die Voraussetzungen dafür durch die Demonstrationen oder durch das Gebet bereitet werden. Zumindest dürfen wir darauf vertrauen, daß von unserem Gebet für die andern eine Bewegung ausgeht. Die Apostelgeschichte beschreibt, was das Gebet bewirken kann. Als Paulus und Silas im inneren Gefängnis, ihre Füße im Block, um Mitternacht anfangen, Loblieder zu singen, da "begann ein gewaltiges Erdbeben, so daß die Grundmauern des Gefängnisses wankten. Mit einem Schlag sprangen die Türen auf, und allen fielen die Fesseln ab." (Apg 16,26) Das ist ein schönes Bild für die Wirkungen des gläubigen Gebetes. Da entsteht ein Erdbeben, da kommt in uns und um uns herum etwas in Bewegung. Da bekommen die Mauern unseres Gefängnisses einen Riss, da öffnen sich Türen zum andern hin, da wird Begegnung möglich, da entsteht ein neues Miteinander, wie es Lukas in dieser nächtlichen Gefängnisszene schildert: "Dann führte er (der Gefängniswärter) sie in seine Wohnung hinauf, ließ ihnen den Tisch decken und war mit seinem ganzen Haus voll Freude, weil er zum Glauben an Gott gekommen war." (Apg 16,34) Das Gebet reißt Mauern zwischen Menschen nieder, öffnet verschlossene Türen und befreit uns von den Fesseln, die uns hindern, dem andern zu begegnen. So schafft das

Gebet Begegnung mit dem andern und ist in sich schon Begegnung, "Aufgeschlossenheit gegen den Anderen", wie Steinbüchel die Begegnung beschreibt. (Steinbüchel 61)

Das Gebet für den andern führt aber nicht nur zu einer neuen Begegnung mit dem Menschen, für den wir beten, sondern es vertieft auch die Begegnung mit Gott. Gerade wenn ich für einen Menschen bete, den ich liebe, kann mich das Gebet in eine größere Nähe zu Gott bringen, wie es Siluan oben beschrieben hat. Der andere wird dann ein Bild, durch das hindurch ich auf Gott schauen kann. Und Gott bekommt durch den andern ein menschliches Antlitz. Und meine Liebe zu Gott wird getragen von den Gefühlen zum geliebten Menschen. Manchmal leide ich daran, daß mein Gebet so blutleer ist. Ich will Gott lieben, aber ich fühle keine Liebe. Da kann mir das Gebet für den andern helfen, in die Liebe zu Gott die ganze Palette der Gefühle hineinzulassen, die in der Beziehung zu einem geliebten Menschen von selbst hochkommen. Dann erfahre ich Gott wirklich nahe, wirklich als den, der mich zärtlich umarmt, der mich wohlwollend und gütig anschaut, vor dem ich ausruhen kann, weil er mich versteht, vor dem ich gerne verweile, weil Er allein wirklich genügt. Ich muß dann im Gebet den geliebten Menschen nicht vergessen, sondern ich kann durch ihn hindurch auf Gott schauen, der so ein menschliches Antlitz bekommt, ein liebendes und zärtliches Herz. Und ich kann meine Gefühle zum andern zu Ende fühlen und auf Gott hinlenken. Dann werde ich wirklich mit meinem ganzen Herzen Gott begegnen als dem, der mich liebt und den auch ich zu lieben versuche.

Henry Nouwen hat bei seinem Aufenthalt im Trappistenkloster erfahren, was Beten für andere heißt. Beten für andere heißt zuerst, das eigene Herz zu läutern, damit andere darin Platz haben. Nouwen schreibt:

"Wie kann ich irgend jemandem in mein Gebet hineinnehmen, wenn darin gar kein richtiger Platz für ihn ist, wo es frei und entspannt zugeht? Wenn ich immer noch voller Vorurteile, Eifersuchtsgedanken und zorniger Gefühle bin, wird jeder, der eintritt, verletzt werden. Mir kam sehr lebhaft die Erkenntnis, daß ich in meinem tiefsten Innern einen Raum schaffen müßte, um andere darin einladen und ihnen zur Genesung helfen zu können. Für andere beten bedeutet, andern einen gastlichen Platz anbieten, an dem ich wirklich auf ihre Anliegen und Schmerzen hören kann. Das Mitleiden setzt deshalb eine Selbstprüfung voraus, die zu einer Art innerer Güte und Liebenswürdigkeit verhilft.

Wenn mein Inneres gütig und liebenswürdig wäre - wenn ich ein Herz aus Fleisch und Blut, und nicht aus Stein hätte, einen Raum mit einigen Fußbreit Boden, auf denen man barfuß gehen könnte -, dann könnten dort Gott und meine Mitmenschen einander begegnen. Dann könnte die Mitte meines Herzens zu dem Ort werden, an dem Gott die Gebete für meine Mitmenschen hören und sie mit seiner Liebe umfangen kann." [16]

2. Lectio divina

Bevor wir anfangen, im Gebet zu Gott zu sprechen, hat Gott schon zu uns gesprochen im Wort der Schrift. Daher war für die Mönche die lectio divina immer der bevorzugte Ort der Gottesbegegnung und Christusbegegnung. Benedikt reservierte drei Stunden täglich für die lectio divina. Die Mönche lasen dabei entweder die Heilige

Schrift oder die Kirchenväter. Lectio meint jedoch nicht ein Lesen, um sein Wissen zu bereichern, um Informationen zu erhalten, sondern eine Begegnung mit Gott, der uns im Wort anspricht. Im Wort entsteht ein Bild dessen, der redet, und es ist ein sehr persönliches Bild. Im Wort erahnen wir etwas von der Einmaligkeit und von der innersten Verfassung Gottes, der uns in der Schrift immer wieder als der begegnet, der uns sein Herz ausspricht. In der Begegnung mit Gott begegne ich mir selber in neuer Weise. Das hat Augustinus in dem klassischen Wort ausgesprochen: "Das Wort Gottes ist der Gegner deines Willens, bis es der Urheber deines Heiles wird. Solange du dein eigener Feind bist, ist auch das Wort Gottes dein Feind. Sei dein eigener Freund, dann ist auch das Wort Gottes mit dir im Einklang."[17] Es geht darum, mit dem Wort Gottes zu ringen. Wenn ich es nicht verstehe, dann deshalb, weil ich mich selber nicht richtig verstehe. Wenn mich das Wort Gottes ärgert, dann deshalb, weil ich ein falsches Selbstverständnis habe, weil ich mich von den Menschen und von der Welt her definiere und nicht von Gott her. Das Ringen mit dem Wort Gottes führt zur Begegnung mit Gott und dadurch zu einer neuen Selbstbegegnung. Auf einmal wird mir Gott klar und mir wird die eigene Existenz klar. Indem ich das Wort Gottes verstehe, verstehe ich mich selber neu. Das Wort will also keine Informationen, sondern ein neues Selbstverständnis vermitteln. Verstehen heißt dabei immer Horizontverschmelzung: der Horizont meines Selbstverständnisses verschmilzt mit dem Horizont des Existenzverständnisses des Textes.[18] Indem ich den Text verstehe, verstehe ich mich und mein Leben auf neue Weise. Und indem ich den Text auslege, habe ich teil am Sein, das sich im Text auslegt, habe ich also teil an der Wahrheit, habe ich teil an Gott, der letztlich in jedem Text als die eigentliche Wahrheit hinter allem aufleuchtet. Verstehen ist immer schon Begegnung, Begegnung mit dem Text und mit mir und in beidem Begegnung mit der Wahrheit und schließlich mit Gott selbst.

Die lectio divina hat vier Schritte. Der erste Schritt ist das Lesen. Ich lese ganz langsam die Schrift, bis mich ein Wort berührt und trifft. Dann bleibe ich beim Wort stehen. Ich lege das Buch weg und lasse mein Herz vom Wort berühren und durchdringen. Das ist der zweite Schritt, die meditatio. Meditatio heißt nicht, daß ich über das gelesene Wort nachdenke, sondern daß ich es ins Herz fallen lasse, daß ich versuche, es zu kosten, zu schmecken. Ich kann das Wort also wiederholen, es mit dem Herzen neu sprechen, oder ich kann mir sagen: Wenn das stimmt, wie fühle ich mich dann, wer bin ich dann wirklich, was ist dann das Geheimnis meines Lebens? Meditatio ist ein Schmecken, ein neues Sehen, ein neues Selbstverständnis und sie ist Gottesbegegnung, Kosten Gottes in seinem Wort. "Entdecke in Gottes Wort Gottes Herz." So beschreibt Papst Gregor die Meditation des biblischen Wortes.[19] Für Guigo den Kartäuser, der die Vierstufenlehre des Gebetes in der Scala Claustralium beschrieben hat, sucht die Lesung nach der Wonne des seligen Lebens, die Meditation findet sie, das Gebet erbittet sie und die contemplatio genießt sie.[20]

Die Meditation dringt in das Innere des Wortes ein und entfacht dadurch die Sehnsucht des Herzens nach Gott. Je mehr sie sich in das Wort hineinspürt, desto größer wird die Sehnsucht. Für Guigo bricht die Meditation das Alabastergefäß und riecht die Süßigkeit der Salbe. Sie sehnt sich nach der Süßigkeit und Wonne Gottes, aber sie kostet sie noch nicht. Sie spürt, daß das wirkliche Fühlen von Gott her kommen muß.

Daher wendet sich der Mönch im dritten Schritt, in der oratio, an Gott und bittet ihn, daß er ihm die Sehnsucht erfülle. Guigo legt ihm das Gebet in den Mund: "Lange habe ich in meinem Herzen meditiert und in meiner Meditation entbrannte ein Feuer und die Sehnsucht, dich zu erkennen, wurde immer größer. (Vgl. Ps 38,4) Während du mir das Brot der Heiligen Schrift brichst, liegt im Brotbrechen eine große Erkenntnis (Vgl Lk 24,30f): und je mehr ich dich erkenne, desto mehr sehne ich mich danach, dich zu erkennen, nicht im Buchstaben, sondern in der Erfahrung (in sensu experientiae)." Und so bittet der Meditierende, daß Gott ihm wenigstens einen Tropfen vom himmlischen Tau senden möge, um ihn in seinem Durst zu erfrischen: "denn ich brenne vor Liebe." (Guigo 478) Durch das Kosten des Wortes Gottes kommen wir in Berührung mit unserer tiefen Sehnsucht nach Gott. In der oratio halten wir Gott unsere Sehnsucht hin und bitten ihn, uns die Sehnsucht mehr und mehr zu erfüllen.

Der vierte Schritt ist dann die contemplatio, das reine Schweigen, das Beten ohne Worte und Bilder, ohne Gedanken und Gefühle, das reine Einswerden mit Gott auf dem Grund der Seele. Diese contemplatio kann ich nicht selber machen, sie ist immer Geschenk Gottes. Der Mönch kann nur die ersten drei Schritte üben, den vierten Schritt muß er an sich geschehen lassen. Im Gebet kann er Gott um die Erfüllung seiner Sehnsucht bitten, oder wie Guigo sagt, den Bräutigam herbeirufen. Doch dann muß Gott selbst handeln. Und er tut es: er unterbricht den Lauf des Gebetes und eilt nun selbst dem Beter entgegen, erfüllt ihn "mit dem Tau himmlischer Wonne", macht die ermüdete Seele wieder lebendig und frisch und sättigt den Hungernden mit seinen Gütern. (Vgl. Guigo 479) Guigo wird nicht müde, immer wieder den inneren Zusammenhang der vier Stufen zu betonen. Ohne Meditation wird die Lectio trocken, ohne Lesung die Meditation irrig. Das Gebet ist ohne Meditation ängstlich und die Meditation ohne Gebet unfruchtbar. Das Ziel aber ist die contemplatio als Übersteigen aller Sinne und allen Tuns, als Einswerden mit Gott auf dem Grund der Seele. (Vgl. Guigo 482)

So führen die vier Schritte der lectio divina zu einer ähnlichen Gottesbegegnung wie das Gebet. Und das Ziel ist wiederum das Einswerden mit dem Gott, der mich angesprochen hat. Das Wort Gottes selber bewirkt diese Stille. Das Wort führt mich ins wortlose Geheimnis Gottes, wo ich jenseits der Worte eins werde mit Gott. Das Ziel der Schriftlesung ist die Begegnung mit dem fleischgewordenen Wort Gottes, mit Jesus Christus. Origines spricht von der spiritalis intelligentia, vom geistgewirkten Verstehen. Er "glaubt an die Schriftwerdung des Logos, genau wie er an seine Menschwerdung glaubt. So wie sich durch das Wirken des Heiligen Geistes in Christus menschliche und göttliche Natur verbunden haben, so wird auch in der Schrift das menschliche mit dem göttlichen Wort eins. Gottmenschliches Wort der Schrift und gottmenschliche Person Jesu Christi sind eins, der eine Ort der Begegnung von Gott und Mensch."[21] Es geht Origines in der Beschäftigung mit der Bibel vor allem um die Begegnung mit Gott. Wir lesen die heilige Schrift nicht, um ein besserer Mensch zu werden, sondern um Gott zu begegnen. Origines hat für die lectio divina die spirituelle oder mystische Schriftauslegung entwickelt. Sie dient nicht der Information, sondern der Kontemplation. Origines deutet in der spirituellen Schriftauslegung alle

Ereignisse und Personen auf der Subjektstufe. Alles ist Beschreibung des Weges der Seele zu Gott. So deutet er etwa den Auszug aus Ägypten: "Der Auszug aus Ägypten ist auch das Gleichnis der Seele, die die Finsternis dieser Welt und die Blindheit der körperlichen Natur verläßt, um in eine andere Welt überzusiedeln,...um hinzugelangen zu jenem Fluße, der die Stadt Gottes erfreut (Ps 46,5), und an seinem andern Ufer das den Vätern verheißene Los zu empfangen... Wenn die Seele aus dem Ägypten dieses Lebens auszieht, um zum verheißenen Land zu wandern, schlägt sie notwendig gewisse Wege ein.. und kommt durch bestimmte Haltestellen."[22] Es geht also in der lectio divina darum, den Weg der Seele zu Gott zu erkennen und zu gehen. Und es geht um eine immer tiefere Begegnung mit Gott, damit wir ihm einst im Tode unverhüllt begegnen können. Es geht nicht darum, moralische Folgerungen aus der Bibellesung zu ziehen, sondern Gott zu begegnen und in der Begegnung mit Gott die Sehnsucht nach der endgültigen Begegnung zu entfachen. Wenn wir bei der Schriftlesung ständig neue moralische Appelle an uns selber richten, überfordern wir uns. Die Schrift will uns nicht in erster Linie sagen, was wir tun sollen, sondern was wir sind, was das Geheimnis unseres Lebens ist. Und Schrift lesen heißt für die monastische Tradition zu allererst, dem Gott zu begegnen, der mich im Wort anspricht und mir sein Herz ausspricht, und in der Begegnung mit Gott dem Geheimnis des eigenen Lebens begegnen, dem Geheimnis des eigenen Selbst. Schriftlesung hinterläßt dann nicht ein permanentes schlechtes Gewissen mit Vorwürfen wie: "Eigentlich sollte ich, müßte ich...". Sie weitet vielmehr das Herz, sie läßt uns erfahren, wer wir eigentlich sind. Und sie läßt uns froh werden über das Geheimnis unseres Lebens, daß wir von Gott so wunderbar erschaffen und noch wunderbarer erneuert worden sind, eingetaucht in das Geheimnis des dreifaltigen Gottes.

3. Anbetung

Ein beliebter Ort der Begegnung mit Gott oder mit Jesus Christus ist die Anbetung. Das Phänomen der Anbetung gibt es in allen Religionen. "Anbetung ist die Gott allein zukommende innere und äußere Verehrung, durch die das vernunftbegabte Geschöpf die absolute Erhabenheit und Einzigkeit Gottes und seine eigene vollständige Abhängigkeit von ihm anerkennt. Sie ist Grundhaltung jedes religiösen Menschen, der sich des Geheimnisses bewußt wird, das ihn umgibt und Grund alles Geschaffenen ist."[23] In der Anbetung falle ich vor Gott nieder, weil Gott Gott ist. Ich will nichts von ihm erbitten, ich will durch die Anbetung auch nichts erreichen, weder schöne Gefühle, noch Gelassenheit und Ruhe. Ich spreche in der Anbetung nicht über meine Probleme, ich lobe mich nicht, ich tadle mich nicht, ich falle einfach vor Gott nieder, weil er mein Herr ist, weil er mein Schöpfer ist. Wenn ich wirklich verstanden habe, was das heißt, daß ich von Gott geschaffen und von ihm in jedem Augenblick im Sein gehalten werde, dann bleibt mir nichts anderes übrig, als vor diesem Gott als meinem Schöpfer niederzufallen und ihn anzubeten. Ich bekenne in der Anbetung, daß ich ganz und gar von Gott abhängig und mit allen Fasern meines Wesens auf ihn bezogen und angewiesen bin, daß ich nichts in mir habe, was ich nicht von ihm empfangen habe. Und ich bekenne, daß er mein Herr ist, das Ziel meiner Sehnsucht. Es bleibt mir nichts

anderes übrig, als staunend und anbetend vor ihm
niederzufallen.

In der Anbetung kreise ich nicht mehr um mich
und meine Probleme, sondern versuche, allein auf
meinen Gott zu schauen. Ich vergesse mich selbst,
weil Gott mich ganz und gar ergriffen hat, weil er
allein wichtig ist für mich. Das Paradox ist, daß
ich im Vergessen meiner selbst ganz gegenwärtig
werde, ganz echt, ganz ich selbst. Da beschäftigen
mich keine Probleme, keine Menschen, da erfüllt
Gott mich ganz und gar. In der Anbetung steckt
die Sehnsucht, endlich einmal frei zu sein von mir
selbst, frei zu sein von dem ständigen Kreisen um
mich, von der Sucht, alles auf mich zu beziehen,
überall etwas für mich haben zu wollen. Indem
ich mich vergesse, bin ich ganz frei, ganz von Gott
ergriffen. Jetzt ist nichts anderes mehr wichtig.
Meine Probleme sind nicht mehr wichtig, meine
Schuld nicht mehr, mein psychischer Zustand
nicht. Nur Gott allein zählt. Georges Bernanos
sagt einmal, es sei eine große Gnade, sich selbst
anzunehmen. Wir wissen, daß wir dazu ein ganzes Leben brauchen. Aber die Gnade aller Gna-
den, so sagt er, ist, sich selbst vergessen zu können. Wenn ich mich selbst vergesse, bin ich ganz
frei von mir geworden. Doch das kann ich nicht
selber machen, sondern nur, wenn mich Gott
ergreift und ich mich von meinem Gott ergreifen
lasse. Wenn Gott mir so nahe kommt, daß nur
noch die Begegnung mit ihm zählt, dann verblaßt
die oft so aufdringliche Nähe von Menschen, die
etwas von mir wollen, oder die Nähe von Sorgen
und Problemen, die mich bedrücken. Wenn Gottes
Gegenwart alles erfüllt, hat nichts anderes mehr
Platz in mir, hat nichts mehr Macht über mich.
Indem ich mich vergesse, komme ich zur Ruhe, da
hört der Lärm meiner Gedanken und Gefühle
auf. Da bin ich endlich angekommen, da bin ich

nach langem Suchen endlich daheim. Daheim sein kann man nur, wenn man vor dem Geheimnis niederfällt. Anbetung ist die Erfahrung von Heimat. Wenn wir vor dem Geheimnis Gottes niederfallen, sind wir wirklich angekommen. Dann wird es ruhig in unserer Seele, da spüren wir, daß unsere tiefste Sehnsucht erfüllt ist, daß wir endlich gefunden haben, wovor wir niederfallen können. Denn der Mensch sucht sein Leben lang nach dem, vor dem er niederfallen kann, der alle seine Kräfte bindet und alle Sehnsüchte und Bedürfnisse erfüllt. Das Urbild solcher Anbetung ist die Huldigung der Magier, die auf die Sehnsucht ihres Herzens hören, auf den Stern, der am Firmament ihres Herzens aufgetaucht ist, und die sich nun aufmachen, das göttliche Kind zu suchen. Sie gehen verschlungene Wege, um endlich in das Haus einzutreten, in dem sie wahrhaft zu Hause sein können, in das Haus, in dem Maria und das Kind wohnen. Sie treten ein und fallen vor dem göttlichen Kind nieder. Sie breiten ihre Schätze aus, das Gold als Zeichen ihrer Liebe, den Weihrauch als Zeichen ihrer Sehnsucht und die Myrrhe als Zeichen ihrer Schmerzen. Die Künstler haben die Magier immer als drei Könige dargestellt. Der eine ist alt, der andere jung, der dritte schwarz. König ist ein Bild für den ganzen und schönen Menschen, der über sich selbst herrscht und von niemandem beherrscht wird, der weise ist und um die Geheimnisse des Lebens weiß. Die Dreizahl deutet darauf hin, daß alle Kräfte in uns nur in der Anbetung ihr Ziel finden. Das Junge und Alte und auch das Schwarze als Bild für den eigenen Schatten müssen vor dem göttlichen Kind niederfallen, um verwandelt und erlöst zu werden.

Die Anbetung geschieht nicht im Kopf, sondern mit dem ganzen Leib. Die Urgebärde der Anbetung ist die prostratio, in der sich der Mensch ganz und gar vor Gott niederwirft. Aber wir beten Gott auch an, wenn wir uns vor ihm verneigen, oder wenn wir vor ihm sitzen und die offenen Hände ihm hinhalten. Auf jeden Fall drängt die Anbetung dazu, sie auch leibhaft auszudrücken. Alle Kräfte in uns wollen gebunden sein. Der Leib ist eine Hilfe, daß auch unser Geist zur Ruhe kommt, daß alles in uns in der Gebärde gesammelt und auf Gott hin ausgerichtet wird. Anbetung heißt, daß ich ganz und gar auf Gott bezogen bin, daß es in mir keine privaten Räume mehr gibt, in die ich mich zurückziehe, um meinen Tagträumen nachzuhängen, in die ich niemanden eintreten lasse, auch Gott nicht. Anbetung heißt, ganz und gar auf Gott bezogen sein, als ganzer in der Beziehung zu Gott sein. Wir brauchen dann keine Angst vor irgendwelchen Gedanken und Gefühlen in uns zu haben. Es ist nur wichtig, daß es auf Gott bezogen und von ihm umfaßt wird. Wenn alles in die Begegnung mit Gott hineingehalten wird, dann wird alles in uns lebendig, alles wird verwandelt. Die Kammern, die wir vor Gott verschließen, sind auch vor uns selbst verschlossen. Manche Christen leben mit vielen abgeschlossenen und verschlossenen Kammern. Ihr Leben ist reduziert, es spielt sich in wenigen Räumen ihres Leibes ab. Die Begegnung mit Gott in der Anbetung will alle Räume in uns aufschließen und überall den liebenden und belebenden Blick Gottes hineinlassen.

Anbetung heißt im Lateinischen adoratio und bedeutet eigentlich: eine Kußhand zuwerfen. Anbetung bestand also darin, daß man die Hand zum Mund führte und Gott oder eben dem angebeteten Kaiser eine Kußhand zuwarf. Diese Herkunft zeigt, daß Anbetung nicht nur Niederfallen und Sichvergessen meint, sondern auch

Intimität. Die Kußgebärde, die man sonst nur dem Geliebten zeigt, wird Gott gegenüber verwendet. Die tiefste Sehnsucht nach der zärtlichen Berührung im Kuß durch den Geliebten wird auf Gott gerichtet. So ist Anbetung eine intime Begegnung mit Gott, ich halte ihm meine intimsten Sehnsüchte und Bedürfnisse hin, im Vertrauen, daß er sie erfüllt.

In der christlichen Tradition ist Anbetung zumeist eucharistische Anbetung. Wir beten den im verwandelten Brot gegenwärtigen Jesus Christus an. Die eucharistische Anbetung entstand, als im Mittelalter die Eucharistiefeier für die Volksfrömmigkeit ihre Bedeutung verlor. Da das Schauspiel der Liturgie immer unverständlicher wurde, suchte das Volk das Betrachtungsbild, vor dem es die Liturgie des Herzens feiern konnte anstelle der Klerikerliturgie, zu der die Eucharistie immer mehr geworden war. Der Liber Graduum, ein syrisches Buch aus dem vierten Jahrhundert spricht von drei Weisen der Liturgie: "in der irdischen Kirche gibt es die sichtbare Liturgie, im Herzen die unsichtbare, im Himmel die vor dem Thron Gottes gefeierte".[24] Die eucharistische Anbetung erfüllt das Bedürfnis nach einer Herzensliturgie, in der jeder Gläubige seine schweigende Liturgie feiern kann, "die Darbringung des Herzens", "das geheime Gebet eines Herzens, das an den Herrn gekettet ist und sich ohne Unterlaß mit ihm beschäftigt" (Louf 137) Die in der Eucharistie gefeierte Liturgie braucht die Liturgie des Herzens. Im Heiligtum des Herzens berühren wir den Himmel, werden wir eins mit Jesus Christus. So sagt Isaak der Syrer:

"Beeile dich, in das Hochzeitsgemach deines Herzens einzugehen. Du findest dort das himmlische Hochzeitsgemach. Denn beide Gemächer bilden nur ein einziges, und durch ein und dieselbe Tür dringt dein Blick in beide ein. Liegt doch die Treppe, die zum Reich aufsteigt, in deinem innersten Herzen verborgen." (Louf 137)

Das betende Verweilen vor der verwandelten Hostie entspricht sicher nicht dem biblischen Verständnis von Eucharistie, aber es ist dennoch ein legitimer Ausdruck unserer Sehnsucht, beim Herrn zu sein und liebend mit ihm eins zu werden. Dabei darf die Anbetung aber nie ihre innere Verbindung mit der Feier der Eucharistie verlieren. Sie ist die Fortsetzung der gemeinsamen Liturgie in der Liturgie des Herzens.

Die eucharistische Anbetung hat verschiedene Bedeutungen. Ein wesentlicher Aspekt ist das Schauen. Die Hostie und die sie zeigende Monstranz sind auf eine Mitte zentriert. Die Hostie selbst ist rund. Indem ich sie anschaue, wird es in mir rund und ganz. Und die Monstranz in ihrer Zentrierung auf die runde Hostie ordnet in mir etwas, wenn ich ganz und gar Auge bin und sie anschaue. Anbetung hat etwas mit Anschauen zu tun. Ich schaue auf die Monstranz und auf die verwandelte Hostie. Ich betrachte nicht von außen, sondern ich schaue so wie bei einem Mandalabild, bei dem es keine Distnaz mehr gibt zwischen dem Schauenden und dem Angeschauten. Beide werden eins miteinander, verschmelzen im Augenblick des Sehens miteinander. So verwandelt mich der anbetende Blick auf Christus in der runden Hostie.

Dieses Schauen öffnet mir den Blick für die gesamte Wirklichkeit. Die Hostie ist wie ein Fenster, durch das ich die Wirklichkeit meines Lebens in neuem Licht sehen kann. Das, was in der Hostie verwandelt ist, ist die innerste Wirklichkeit der ganzen Welt. In der Menschwerdung Christi ist die Welt schon verwandelt, da ist schon alles erleuchtet von seinem Licht. Die Verwandlung ist in meinem Herzen. Die Hostie zeigt mir die Wahrheit meines Herzens. Da sind nicht nur die grübelnden und grollenden Gedanken, nicht nur Gefühle der Angst und Sorge, sondern da ist schon Jesus Christus, der auch mein Herz verwandelt hat. Er ist die innerste Mitte meines Herzens. Im Blick auf die Hostie erkenne ich mein eigenes Geheimnis. Und ich erkenne das Geheimnis meiner Brüder und Schwestern. Ich sehe die Menschen nicht mehr durch die Brille meiner Projektionen, sondern durch die Brille der Hostie, die mir in ihnen Jesus Christus als ihr innerstes Geheimnis zeigt. In jedem Menschen begegne ich Christus. Der Blick auf die Hostie läßt mich Christus in den Menschen entdecken. Und so söhnt mich die Hostie aus mit meinen Brüdern und Schwestern, gibt mir Hoffnung für sie und weckt in mir Liebe zu ihnen. Der Blick auf die Hostie läßt mich jedoch auch die ganze Welt anders sehen, die Schöpfung, die politische Wirklichkeit. Überall stoße ich auf Jesus Christus als den innersten Grund. Die Welt ist im Grunde schon verwandelt und von Jesus Christus erfüllt und durchdrungen. Durch die Oberfläche der politischen und gesellschaftlichen Realitäten erkenne ich im Blick auf die Hostie das eigentliche Geheimnis der Welt: Jesus Christus, den Erstgeborenen der ganzen Schöpfung. "Denn in ihm wurde alles erschaffen im Himmel und auf Erden, das Sichtbare und das Unsichtbare, Throne und Herrschaften, Mächte und Gewalten; alles ist durch ihn und auf ihn hin geschaffen." (Kol 1,16)

Die Verwandlung der Welt durch Jesus Christus hat Teilhard de Chardin in der Anbetung entdeckt. Als er in einer Dorfkirche auf die Hostie in der Monstranz schaut, hat er den Eindruck, "daß sich ihre Oberfläche ausweite wie ein Ölfleck, aber, wohlgemerkt, viel schneller und lichter. Am Anfang glaubte ich, der einzige zu sein, der diesen Wandel wahrnahm; und mir schien, er schreite voran, ohne irgendein Verlangen zu wecken und ohne auf irgendein Hindernis zu stoßen...So umhüllte mich, inmitten eines großen Seufzens, das an ein Erwachen oder an eine Klage denken ließ, der Strom von Weiße, er ging über mich hinaus und überflutete alle Dinge. ... Es war, als ob eine milchige Klarheit das Universum von innen her erleuchtete. Alles schien aus ein und derselben Art durchscheinenden Fleisches geformt zu sein. .. Durch die geheimnisvolle Ausweitung der Hostie also war die Welt aufgeglüht - in ihrer Totalität, ähnlich einer einzigen großen Hostie."[25] Und Teilhard erkennt, wie das Licht der Hostie die ganze Welt durchdringt und sie mit der Liebe Jesu Christi erfüllt und verwandelt:

"Von Augenblick zu Augenblick bildeten sich funkelnde Tropfen reinen Metalls auf der inneren Oberfläche der Seienden und fielen in das Zentrum tiefen Lichtes, wo sie sich verloren; - und zugleich verflüchtigte sich etwas Schlacke. Im Bereich der Liebe vollzog sich eine Transformation, sie weitete, reinigte, fing alle im Universum enthaltende Liebeskraft ein.

Ich konnte das umso besser sehen, als eine Kraft in mir ebenso wie in allem übrigen wirkte: der weiße Schimmer war aktiv! Die Weiße verzehrte alles von innen her! - Sie hatte sich, auf den Wegen der Materie, bis in das Innerste der Herzen eingeschlichen - sie hat sie bis zum Zerreißen ausgeweitet, nur um in sich die Substanz ihrer Zuneigungen und ihrer Leidenschaften aufzusaugen. Und jetzt, da sie in sie hineingebissen hatte, zog sie unbezwinglich ihre Schichten, beladen mit dem reinsten Honig jeglicher Liebe, in ihr Zentrum zurück." (Teilhard 57f)

Die Hostie läßt also ihr Licht auf das ganze Universum fallen. Alles sehen wir in ihrem Licht von Christus durchdrungen. Christus ist die wahre Essenz des Kosmos, seine Liebe ist ihre wahre Triebkraft. "Er ist vor aller Schöpfung, in ihm hat alles Bestand... Er ist der Ursprung... Denn Gott wollte mit seiner ganzen Fülle in ihm wohnen, um durch ihn alles zu versöhnen." (Kol 1,17-19)

Für Teilhard ist daher das stille und einsame Beten vor der verwandelten Hostie nichts Weltfremdes, im Gegenteil, das Gebet verwandelt die Welt, erweckt alles um uns herum zum Leben. So schreibt Teilhard:

"Wollen wir, daß um uns die göttliche Atmosphäre sich verdichte? So hegen und nähren wir eifrig alle Kräfte der Einigung, der Sehnsucht, des Gebetes, die die Gnade uns darbietet. Schon allein durch unsere wachsende Durchsichtigkeit wird das göttliche Licht, das uns immerdar bedrängt, kraftvoller einbrechen." (Louf 155)

Der Blick auf die Hostie läßt uns überall in der Welt Christus erkennen. Diese Sicht schenkt uns Hoffnung für die ganze Welt. Wir werden mit vertrauenden Augen unsere Welt betrachten, nicht indem wir mit einer rosaroten Brille alles Negative ausschließen, sondern, indem wir durch die Hostie hindurch auf den wahren Grund der Welt schauen. Und dort werden wir Christus entdecken als den Urgrund allen Seins. So hat die eucharistische Anbetung nie nur einen individuellen Charakter. Wir schauen in ihr auf die gesamte Welt, auf die Menschen um uns herum und auf den Kosmos mit den unzähligen Gestirnen und Sonensystemem. Wir sind bei der Anbetung am Puls der Zeit, im Herzen der Welt, an der Schaltstelle des Kosmos. Im Innersten der Welt schauen wir auf die verwandelte Hostie und wissen, daß sie wirklich der Urgrund ist, das Herz aller Dinge, daß unter der Oberfläche von Konflikten und Kämpfen Christus als die Mitte liegt, der den Untergrund schon verwandelt hat und nun die ganze Welt mit dem Schimmer seiner göttlichen Liebe durchdringen möchte.

Die eucharistische Anbetung ist personale Begegnung mit Jesus Christus, der in der Hostie als der sich für uns hingebende gegenwärtig ist. In der Eucharistie haben wir Tod und Auferstehung Jesu gefeiert. In seinem Tod gibt sich Christus für uns hin und in seiner Auferstehung ist er für uns gegenwärtig als der, der zum Vater gegangen ist und uns dort eine Wohnung bereitet hat. In der eucharistischen Gegenwart kommt Christus vom Haus des Vaters, ohne es zu verlassen, in unser Haus. Er besucht uns als der, der vom Vater kommt[26]. Und er schenkt sich uns. Die Hostie ist Bild des sich am Kreuz für uns hingebenden Christus. Anbetung heißt, Jesus Christus begegnen, der sich für mich persönlich hingibt, der mich so liebt, daß er für mich gestorben ist. Anbetung ist die schweigende Betrachtung der Kreuzeshingabe Jesu, die wir in der Eucharistie gefeiert haben, in gewissem Sinn die meditative Fortsetzung der Eucharistiefeier. In der Liebe Jesu, die im Brot greifbar und sichtbar ist, können unsere Wunden ausheilen, da bekommen wir einen andern Blick für unsere Einsamkeit, für unsere Ängste, für unseren Ärger. Wir schauen auf den, der uns liebt. Wir müssen nichts tun als zu schauen. So wie der Bauer zum Pfarrer von Ars auf die Frage antwortete, was er denn den ganzen Tag in der Kirche täte: "Ich schaue ihn an und er schaut mich an. Das genügt." In der Hostie schaue ich auf den, der mich liebt. Und mich schaut Jesus Christus vom Kreuz herab an, von dem er alle an sich ziehen will. Es ist ein einladender Blick seiner Liebe, ein Blick, der anzieht und der heilt, ein

Blick, der mir ermöglicht, mich selbst anzunehmen trotz meiner Schuld. Auch die Schuld ist umfangen von dem Blick dessen, der sich für mich am Kreuz dahingab.

Je mehr ich auf Christus schaue, desto mehr komme ich in Berührung mit meinem eigenen Wesen. Je präsenter mir das Du Christi ist, desto präsenter werde ich. Im stillen Schauen auf den in der Hostie gegenwärtigen Herrn kommt zur Vollendung, was Martin Buber von der Begegnung schreibt: da werde ich am Du, da finde ich in der Begegnung mit Christus zu mir selbst. Da kann mein Herz bei Christus zur Ruhe kommen. Da spüre ich, daß ich einfach vor Ihm sein darf, ohne daß ich etwas müßte oder sollte. Ich darf einfach sein. Es ist gut so. Es genügt, vor Ihm zu sein, absichtslos wie in einer Freundschaft. Ich schaue auf Jesus Christus, der mich liebt, er befreit mich zu meiner eigenen Mitte, er bringt mich in die Wahrheit, er ordnet alles in mir auf die wahre Mitte, auf Gott hin. Alles Fremde und Entfremdende wird im Blick auf Ihn an den Rand gedrängt. Das wahre Wesen leuchtet auf. Ich komme in Berührung mit meinem wahren Kern, mit dem Bild, das Gott sich von mir gemacht hat. So kann ich in der Anbetung meine Sehnsucht nach Wahrheit ausleben. Im Blick auf Christus in der runden Hostie wird in mir alles rund, alles zentriert auf die wahre Mitte hin, auf Gott hin, durch den und in dem ich erst zu meiner Wahrheit finde, zu einer Wahrheit, die befreit.

Anbetung als das Vergessen seiner selbst und als das reine Schauen auf den in der Hostie gegenwärtigen Herrn ist eine konkrete Weise der contemplatio. Die contemplatio als das reine Schweigen vor Gott kann auf verschiedene Weisen geübt werden, sie kann durch das Wiederkäuen eines Schriftwortes (ruminatio), durch das Jesusgebet,

durch die Beachtung des Atems und durch das
Hinabsteigen in den Seelengrund angestrebt
werden. Sie kann sich aber auch in der Form der
Anbetung ausdrücken. Anbetung ist daher keine
sekundäre Form christlicher Frömmigkeit, sondern eine legitime Weise der contemplatio. Das
Bedürfnis vieler Menschen nach Anbetung zeigt,
daß die Tradition der eucharistischen Anbetung
eine Seite des Menschen anspricht, die ihm gut
tut. Die eucharistische Anbetung bezieht das Auge
mit ein in die contemplatio. Und so ist sie für viele
ein guter Weg in die Begegnung mit Jesus Christus und durch ihn, das Ebenbild des unsichtbaren Gottes (Kol 1,15), mit dem ewigen Vater.
Die Anbetung wurde in der Tradition häufig mit
der Herz-Jesu-Verehrung verbunden. Von daher
bekommt die Begegnung mit Jesus Christus in
der Hostie nochmals eine andere Färbung. Ich
begegne Christus mit dem durchbohrten Herzen.
Christus hat sich für uns verwunden lassen, er hat
sein Herz zerbrechen lassen, damit wir nicht
zerbrechen an unserem Leben. Und er hat sich für
uns durchbohren lassen, um offen zu sein für uns
alle. "Die Öffnung des Herzens ist Hergabe des
Innersten und Persönlichsten zu öffentlichem
Gebrauch; der offene, entleerte Raum ist für alle
betretbar." So beschreibt Hans Urs von Balthasar
das Geheimnis des geöffneten Herzens.[27] Das
Herz Jesu steht für uns alle offen. Wir können
seinen intimsten Bereich betreten, wir dürfen uns
in seiner Liebe bergen. So kommt die Intimität
der Anbetung, die im Wort adorare steckt, in der
Herz-Jesu-Verehrung zur Vollendung. Da geht
es wirklich um die intime Liebe Jesu, der für uns
sein Herz öffnet, damit wir eintreten können in
seine Intimität und darin heil werden.
Herz ist ein Urwort, ein Urbild. Es bezeichnet
das Innerste des Menschen, den Menschen, inso-

fern er fühlen und lieben kann. Das geöffnete Herz Jesu Christi ist nach dem Johannesevangelium die Quelle, aus der der Heilige Geist auf die ganze Menschheit ausgegossen wird. Während seines Lebens hat Jesus nur die Menschen geheilt und nur denen seine Herrlichkeit gezeigt, die ihn gesehen und berührt haben. Im Tod wird das Wirken Jesu entgrenzt auf die ganze Welt hin. Da wird der Geist Jesu ausgegossen auf alle Menschen, die bereit sind zu glauben. Das ganze Johannesevangelium gipfelt in der Szene, da der Soldat die Seite Jesu mit der Lanze durchstößt. Das ist die Stunde, in der Christus verherrlicht und sein Geist auf alle Menschen ausgegossen wird. Bei der Hochzeit zu Kana sind es sechs Krüge Wasser, die in Wein verwandelt werden. Unser Leben ist schal geworden wie Wasser. Mit Wasser kann man kein Fest feiern, da kann nichts von oben her in unser Leben einbrechen. Durch die Menschwerdung Gottes in Jesus Christus ist unser Leben zu Wein geworden, es hat einen andern Geschmack bekommen, weil Gott selbst mit uns Hochzeit hält und sich mit uns verbunden hat. Am Kreuz öffnet sich nun der siebte Krug, der Gottes Liebe und Herrlichkeit auf uns alle ausgießt, jetzt wird unser aller Leben neu, es wird zu einem ewigen Fest der Auferstehung. Im Gespräch mit der Samariterin zur sechsten Stunde, also zur Stunde, da Jesu Seite durchstoßen wird, verheißt Jesus ein Wasser, das den tiefsten Durst des Menschen zu löschen vermag, den Durst nach Leben. Dieses lebenspendende Wasser gießt er in seinem Tod auf die Menschen aus. Da strömen Blut uns Wasser aus seiner Seite. Es ist das Wasser des Heiligen Geistes, das unsern Durst löscht, weil es Ausdruck der tiefsten Liebe Jesu ist. Jesus gibt alles für uns hin, damit wir aus seiner Quelle leben können. Jesus erfüllt auch den andern Durst der Samariterin, den Durst nach Liebe. Sechs Männer hat sie gehabt, aber sie alle haben ihre Sehnsucht nach Liebe nicht stillen können. Jesus ist der siebte Mann, der sie wahrhaft zu lieben vermag, weil er ein Herz hat, das sich ihr öffnet, ein Herz, aus dem er seine Liebe verströmt. Wenn wir auf dieses Herz in der Anbetung schauen, dann werden auch in unserm Innern Ströme lebendigen Wassers fließen. So hat Jesus es uns verheißen: "Wer Durst hat, komme zu mir, und es trinke, wer an mich glaubt. Wie die Schrift sagt: Aus seinem Inneren werden Ströme von lebendigem Wasser fließen. Damit meinte er den Geist, den alle empfangen sollten, die an ihn glauben; denn der Geist war noch nicht gegeben, weil Jesus noch nicht verherrlicht war." (Joh 7,37-39) So verweist uns das Johannesevangelium immer wieder auf das durchbohrte Herz Jesu als die Quelle allen Heils, als die Quelle des ewigen Lebens, eines Lebens, das durch die sieben Zeichen seiner Wunder adäquat beschrieben wird.

Ein alter Satz lautet: Cor patet quia patiens. Das Herz Jesu steht für uns offen, weil es leidet, weil es den Schmerz zuläßt. Nur wer verwundbar ist, kann lieben. Nur der verwundete Arzt kann heilen, so sagen die Griechen. Weil Jesus für uns leidet, darum steht sein Herz für uns offen, darum können wir an ihm heil werden. In dem Roman "Das Ende einer Affäre" schildert Graham Greene Sarah als eine Frau, die hin und herschwankt zwischen der Liebe zu ihrem Mann Henry und Bendrix, ihrem Geliebten. Sie will weder ihren Mann verlieren noch Bendrix. Schließlich wird sie krank und erkennt auf dem Krankenbett, daß sie alles verkehrt gemacht hat, aber sie erkennt auch in dem durchbohrten Herzen Jesu die Möglichkeit einer anderen Liebe. Sie sagt:

"Lieber Gott, ich habe zu lieben versucht und habe alles so völlig verdorben. Wenn ich Dich lieben könnte, dann wüßte ich auch, wie man die andern lieben muß..Ich glaube, daß Du für uns starbst. Ich glaube, daß Du Gott bist. Lehr mich lieben: Mein Schmerz bedrückt mich nicht. Ihr Schmerz ist es, den ich nicht ertragen kann. Laß meinen Schmerz fortdauern, aber heile sie von dem ihren. Lieber Gott, wenn Du für eine Weile von Deinem Kreuz herabsteigen und mich an deine Stelle treten lassen könntest. Wenn ich so leiden könnte wie Du, dann würde ich auch so heilen können wie Du."[28]

Damit beschreibt Graham Greene das Geheimnis des Herzens Jesu. Wenn wir eucharistische Anbetung halten, dann wäre das der Ort, an dem wir von Jesus Christus eine Liebe lernen könnten, die leiden und damit zugleich heilen kann. So ist Anbetung nicht etwas rein Privates, sondern eine Einübung in eine andere Liebe zu unsern Mitmenschen. Wir könnten in dieses durchbohrte Herz all die Menschen halten, die uns am Herzen liegen. Und wir könnten im Blick auf das durchbohrte Herz selber unser Herz öffnen, damit es die Menschen, denen wir Tag für Tag begegnen, zu lieben und zu heilen vermag. Die Tradition hat die Beziehung der Anbetung zu den Menschen um uns herum mit dem Gedanken der Sühne ausgedrückt. Wir tun uns heute mit dieser Vorstellung schwer. Aber sie meint eben nicht, daß wir für die andern sühnen können, sondern daß wir sie hineinhalten in die Liebe Jesu Christi, in das geöffnete Herz, das sie allein zu heilen vermag und in dem die Liebe größer und mächtiger ist als alle menschliche Schuld.

In der Begegnung mit dem verwundeten Herzen kann ich auch einen Weg finden, anders mit meinen Wunden umzugehen. Am liebsten möchte ich ja meine Wunden nicht mehr spüren. Ich will sie loshaben. Sie sollen nicht mehr weh tun. Ich versuche, sie durch Gebete oder durch psychologische Techniken so zuheilen zu lassen, daß sie keine Spuren mehr zurücklassen, daß ihre Narben völlig verschwinden. Gleichzeitig spüre ich, daß das nicht geht, daß ich trotzdem noch empfindlich bin. Immer wieder werde ich an meinen empfindlichen Stellen getroffen und die Wunden brechen wieder neu auf. Das Herz Jesu zeigt mir einen andern Weg. Es ist gar nicht so wichtig, daß meine Wunden zuheilen. Sie müssen verwandelt werden. Die Wunde kann auch für mich zur Quelle des Lebens werden. Wenn ich mich aussöhne mit meiner Wunde, dann kann sie der Ort sein, an dem Gott mich immer wieder berührt. Ich soll also den Leistungsdruck aufgeben, daß ich meine Wunden nicht mehr spüren darf. Ich darf sie spüren. Es darf weh tun, ich darf bei Kritik verletzbar sein, obwohl ich längst eingesehen habe, was da für Mechanismen ablaufen. Wenn ich mich damit aussöhne, daß ich immer noch empfindlich bin, verletzlich und kränkbar, dann kann ich gerade an den empfindlichen Stellen Gott erfahren als den, der mich anrührt, der mich daran erinnert, daß er allein mein Heil ist. So war auch für Jakob die Wunde (die hinkende Hüfte, an der Gott ihn berührt hat) das Erinnerungszeichen an seine nächtliche Begegnung mit Gott.

Wenn ich in meine Wunde hineinhorche, dann werde ich darin eine tiefe Sehnsucht nach Liebe spüren. Wenn ich diese Sehnsucht dem durchbohrten Herzen Jesu hinhalte, dann hört der Schmerz zwar nicht auf, aber er wird verwandelt, er wird zu einem Leiden, das auch andere zu heilen vermag, wie es Sarah sich gewünscht hat. Unsere Wunden können nicht nur Berührungspunkte der Liebe Gottes für uns werden, sondern auch zu einer Quelle des Lebens für andere. Die Frage ist, wo wir den andern wirklich und wirksam helfen. Helfen wir ihnen da, wo wir stark sind und ihnen gutgemeinte Ratschläge geben, oder helfen wir ihnen nicht vielmehr dort, wo wir sie eintreten lassen in unsere Wunden? Wenn ich mich nicht ständig über meine Empfindlichkeit ärgere, sondern mich damit aussöhne, dann kann sie zum Segen für andere werden. Dann ziehe ich mich nicht beleidigt zurück, wenn es weh tut, und ich beschimpfe mich nicht, daß ich immer noch so verletzbar bin, sondern ich wende mich in meiner Kränkung und in meiner Ohnmacht an Gott. Gott kann meine Empfindlichkeit zu einer Quelle des Lebens verwandeln, indem er mich darin ganz und gar auf seine Gnade verweist, die allein zu heilen vermag. Ich spüre meine Ohnmacht, aber ich spüre auch die Brüder und Schwestern. Und so kann ich wirklich aus der Tiefe meiner Ohnmacht schreien und mich gemeinsam mit den Brüdern und Schwestern in die Liebe des durchbohrten Herzens halten. Indem wir alle, die uns am Herzen liegen, in das offene Herz Jesu halten, können wir Hoffnung für sie schöpfen. Wir spüren, daß dieses Herz auch für sie offensteht und daß es uns alle verwandeln möchte, damit es sich in unserem offenen und verwundeten Herzen in unsere Zeit hineinhalte und auch die Menschen erreiche, die den Weg zum Tabernakel nicht finden. Anbetung will uns verwandeln. Wir sind selbst Monstranz, denn in uns wohnt Jesus Christus. Und wir sollen diese Monstranz hinaustragen in die Welt. Die Monstranz soll beides zeigen: das Runde der Hostie, das, was in uns durch Jesus Christus ganz geworden ist, die Liebe Jesu, die sich hingibt und heilt, und die Wunde, die offensteht, die zu leiden und damit zu heilen vermag. Das schönste Gebet, das wir in der Anbetung

Gott vortragen können, ist das Gebet, das drei Lübecker Kapläne kurz vor ihrer Hinrichtung im Dritten Reich gebetet haben. "Herr, hier sind meine Hände. Lege darauf, was du willst. Nimm hinweg, was du willst. Führe mich, wohin du willst. In allem geschehe dein Wille." Anbetung ist Hingabe an Gott, Hingabe, die sich im konkreten Alltag verwirklichen will. Sie ist Begegnung mit Christus, der sich für mich dahingegeben hat, damit auch ich in der Hingabe seine Liebe in mir erfahre und sie weitergeben kann an die Menschen, die auf mich warten.

4. Unablässiges Gebet

Die Begegnung im Gebet ist nicht nur etwas Punktuelles, sie geschieht nicht nur, wenn ich mich bewußt vor Gott stelle, sondern sie soll eine bleibende Grundhaltung des Menschen werden. Die Tradition des Mönchtums spricht vom unablässigen Gebet oder vom immerwährenden inneren Gebet. Das Ziel des Mönchtums bestand darin, immer in der Gegenwart Gottes zu leben, ohne Unterlaß zu beten und so ständig aus der Begegnung mit Gott zu leben. Das ganze Leben soll geprägt werden von der Begegnung mit Gott. Ich lebe ständig vor ihm, vor seinen Augen, von ihm liebend und wohlwollend angeschaut. Die Begegnung mit Gott prägt mein ganzes Leben, mein Arbeiten und Ruhen, mein Denken und Fühlen, mein Sprechen und Schweigen. Ich lebe nie beziehungslos, sondern immer in Beziehung zu meinem Gott. Dabei muß ich nicht immer explizit an Gott denken, die Begegnung ist vielmehr der Hintergrund, auf dem ich lebe, sie ist wie die Atmosphäre, in der ich mich bewege. So hat es Paulus in seiner Areopagrede ausgedrückt:

"In Dir bewegen wir uns und sind wir." (Apg 17,28)

Die Mönche haben Methoden entwickelt, die uns helfen können, aus der Begegnung mit Gott immer und überall zu leben. Es ist das sogenannte innere Gebet, das immer in uns ist und uns nie genommen werden kann. Um zu diesem inneren Gebet zu kommen, muß ich allerdings einen langen Weg der Übung gehen. Für die Mönche bestand dieser Übungsweg im Einwortgebet, in der ruminatio, im Wiederkäuen des immer gleichen Psalmverses oder des Jesusgebetes. Das Jesusgebet wurde vor allem in der Ostkirche zum Meditationsweg schlechthin. Aber auch in der Westkirche erfreut es sich heute großer Beliebtheit und ist für viele zur konkreten Form des unablässigen Gebetes geworden. Es besteht im ständigen Wiederholen der Formel "Herr Jesus Christus, Sohn Gottes, erbarme dich meiner!" Dabei kann diese Formel auch abgekürzt werden, je nach dem Atemrhythmus des einzelnen. Ja, das Jesusgebet kann auch nur auf den Namen Jesus reduziert werden, den man dann mit dem Ausatmen verbindet.

Im Jesusgebet sehen die Mönche die Zusammenfassung des ganzen Evangeliums. Es ist zusammengesetzt aus der Heilung des Bartimäus (Mk 10,47), wo Bartimäus Jesus um die Heilung seiner Blindheit bittet: "Jesus, hab Erbarmen mit mir:", und aus Lk 18,13, wo der Zöllner demütig vor Gott tritt und nur betet: "Gott, sei mir Sünder gnädig!" So sind zwei Grundhaltungen in diesem Gebet ausgedrückt: einmal die Bitte um Heilung. Wir tragen alle Wunden mit uns herum. Im Gebet bitten wir Gott, daß er unsere Wunden heile. Und wir sind oft blind. Wir wollen die Wirklichkeit nicht sehen, wie sie ist. Wir verschließen die Augen vor der Realität unseres Lebens, vor der Realität unserer Mitmenschen und der ganzen Welt. Im

Jesusgebet bitten wir Gott, daß er uns die Augen öffne, damit wir den Mut finden, uns und unserem Leben ins Auge zu schauen. Das Jesusgebet schenkt eine neue Sichtweise. Wir sehen alles im Lichte Gottes und wir sehen überall mit den Augen Gottes. Oft sind wir überfordert, der Realität ins Auge zu sehen. Nur wenn Christus uns an die Hand nimmt, wie den Bartimäus, bekommen wir den Mut, die Wirklichkeit offen anzuschauen. Wir brauchen nicht mehr davor zu erschrecken, weil wir wissen, daß Christus bei uns ist und uns die Wahrheit der Welt aufdeckt. Wir können die Welt ungeschminkt ansehen, weil wir in ihr zugleich überall Gott begegnen.

Die zweite Grundhaltung ist die Demut des Zöllners, der nicht auf sich und seine Leistung vertraut, sondern auf das Erbarmen Gottes. Es ist das starke Vertrauen darauf, daß Gott uns annimmt, wie wir sind. Wenn ich immer wieder bete: "Jesus Christus, erbarme dich meiner", so ist das weniger ein inständiges Bitten um das Erbarmen, sondern ein dankbares Wissen um dieses Erbarmen, ein Dank an den barmherzigen Gott. So bewirkt dieses Gebet mit der Zeit einen tiefen inneren Frieden und eine stille Freude über den Gott, vor dem ich sein darf, wie ich bin, auch schwach und sündhaft. Und so werde ich allmählich selber barmherziger mit mir. Ich zerfleische mich nicht mehr mit Selbstvorwürfen, wenn ich einen Fehler begangen habe, sondern ich halte ihn in das Erbarmen Gottes. So kann ich mich damit aussöhnen. Und ich werde barmherziger zu meinen Mitmenschen. Wenn ich bei einem Beichtgespräch spüre, daß negative Urteile in mir hochsteigen, dann hilft mir das Jesusgebet, in eine barmherzigere Haltung dem andern gegenüber zu kommen. So werde ich seinem Geheimnis gerechter als durch meine unüberlegten Vorurteile, in denen ich den andern nur durch die Brille meiner Projektion sehe.

Der Grundton des Jesusgebet ist nicht die flehentliche Bitte, daß Christus sich meiner erbarmen möge, weil ich ja so schlecht bin. Es ist vielmehr ein optimistischer und vertrauensvoller Grundton. Einmal bekenne ich im Namen Jesu das Geheimnis der Inkarnation. Dieser Jesus Christus ist Gottes Sohn, in ihm wohnt die Fülle der Gottheit in unserer Mitte (Kol 2,9). Und zum andern drücke ich in dem Ruf "Erbarme dich meiner" meine persönliche Beziehung zu Jesus Christus aus. Das griechische Wort eleison hat die gleiche Wurzel wie elaion, Öl, und bittet daher darum, daß Gott die Fülle seiner Gnade über uns ausgießen möge. Für den Russen hat das Jesusgebet den Charakter des Zärtlichen und Lieben. "Die slawischen Worte milost und pomiluy haben dieselbe Wurzel wie die Ausdrücke für Zärtlichkeit, Liebkosung."[29]   Wir bitten also im Jesusgebet Gott um seine Liebe und drücken zugleich unsere Liebe und Sehnsucht nach Gott darin aus. Es ist daher ein sehr intimes Gebet, ein zärtlicher Ruf nach dem, der mich liebt, und Ausdruck der Gewißheit, daß in Jesus Christus Gottes Liebe selber in meinem Herzen ausgegossen ist.

Das Jesusgebet atmet das Vertrauen, daß dieser Jesus Christus in mir ist. Er ist nicht der, der in ferner Vergangenheit gelebt hat, sondern er ist in mir. Die Mönche geben den Rat, beim Einatmen den Atem in das Herz strömen zu lassen und im Atem Christus selbst im Herzen zu spüren. Christus ist in mir. In der Wärme, die der Atem im Herzen erzeugt, kann ich seine liebende und barmherzige Gegenwart erahnen. Das Spüren des Atems im Herzen entlastet den Kopf, der sich normalerweise beim Gebet immer wieder störend meldet und uns mit immer neuen Gedanken in Unruhe versetzt. Im Herzen, das vom Atem warm wird, können wir in Jesus Christus zur Ruhe kommen. Wir begegnen ihm nicht nur in einem kurzen Augenblick, sondern wir bleiben in der Begegnung. So hilft das Jesusgebet, ständig in der Begegnung mit Christus und aus der Beziehung zu ihm heraus zu leben. Mein Herz ist von Christus angerührt. Ich spüre die Wärme in ihm. So wie der Liebende den Geliebten in seinem Herzen spürt und anders seinen Alltag lebt, so erzeugt das Jesusgebet in uns eine Atmosphäre von Liebe, von Erbarmen, von Wohlwollen, in der es sich gut leben läßt. Der Raum, in dem wir leben, ist kein kalter und einsamer Raum, sondern ein von Jesus Christus bewohnter Raum, ein Raum, der von seiner liebenden und heilenden Gegenwart erfüllt ist und seine zärtliche Intimität atmet. In diesem Raum lebe ich immer aus der Begegnung mit Jesus Christus. Die Begegnung im persönlichen Gebet wirkt nach und prägt auch mein Arbeiten. Und das Jesusgebet erinnert mich ständig an diese Begegnung im Gebet und ruft sie immer wieder wach. Und so wird mein ganzes Leben zu einem Leben aus der Begegnung. Im allem, was ich tue und denke, bin ich auf Jesus Christus bezogen, ich bin gebunden, daheim. Aus und in Beziehung leben macht unsere Existenz erst wertvoll. Heute leben immer mehr beziehungslos. Und so zerfällt ihr Leben, sie leben an ihrem wahren Ich vorbei. Nur in der Beziehung zu einem andern lebe ich auch mein eigenes Selbst, nur in der Beziehung bin ich auch in Berührung mit meinem wahren Kern.

Beim Ausatmen sollen wir in unserem Atem Jesus Christus selbst den ganzen Leib durchdringen lassen. Der Ausatem strömt nach unten, in den Beckenraum. Wir lassen den barmherzigen Geist

Jesu in alle unsere Gefühle dringen, die in den inneren Organen ihren Sitz haben, in Ärger und Enttäuschung, Wut und Bitterkeit, und in unsere Triebe, die für die Griechen im begehrlichen Teil des Menschen, im Unterleib angesiedelt sind. Wenn Christi Geist da überall hinströmt, dann können wir uns mit allem, was in uns ist, aussöhnen. So kann uns das Jesusgebet immer mehr mit Barmherzigkeit und Güte zu uns selbst und zu allen Menschen erfüllen.

Nach dem Ausatmen ist ein kleiner Augenblick, in dem nichts geschieht, in dem wir weder ausatmen noch einatmen. Dieser Augenblick ist für die Lehrer der Meditation ganz entscheidend. Da zeigt es sich, ob ich mich wirklich loslasse und Gott übergebe oder ob ich an mir festhalte. Wenn ich diesen Augenblick nicht aushalte, sondern sofort selber den Atem einziehen will, dann lasse ich mich eben nicht in Gott hinein los. Dieser kostbare Augenblick des reinen Schweigens und reinen Nichtstuns ist der Ort, wo wir uns in die barmherzigen Arme Gottes fallen lassen und darin den Geschenkcharakter unserer ganzen Existenz erahnen. Das Wort, so sagt Isaak von Ninive, führt zum wortlosen Geheimnis Gottes. Wir haben unsern Atem an das Wort gebunden, um nicht zerstreut zu werden, aber in diesem Zwischenraum von Aus- und Einatmen lassen wir auch das Wort los. Wir lassen uns von ihm hineinführen in den Raum, der allein von Gott erfüllt ist. Aber dieser Raum ist kein irgendwie göttlicher Raum, sondern er ist erfüllt vom Vater Jesu Christi, von der Barmherzigkeit und Güte Jesu selbst. Für mich ist das Jesusgebet ein guter Weg, in der ständigen Begegnung mit Jesus Christus und durch Ihn mit dem Vater zu leben. Es ist ein vertrautes Wort, das von alleine in mir auftaucht, auch wenn ich es nicht bewußt übe. Es läßt mich daheim sein, es führt mich aus der Zerstreuung immer wieder hin zum dem allein Wichtigen, zum Vater Jesu Christi. Und es gibt mir die Gewißheit, daß Jesus Christus selber in mir ist und mit mir geht. Wenn das Gebet in mir ist, ist auch Jesus Christus in mir und bei mir. Und dann lebe ich ständig aus der Begegnung mit Ihm. Diese Begegnung gibt meinem ganzen Leben einen andern Geschmack. Sie hält in alles, was ich tue, etwas von der liebenden Barmherzigkeit Gottes hinein. Sie macht das ganze Leben zu einem beständigen Gebet, zu einer Begegnung mit Gott in meinem Herzen. Das immerwährende Gebet ist dann auf einmal einfach da, so wie es Andrè Louf so schön beschrieben hat:

"Man gelangt dann zu dem Gebet, von dem man nicht mehr sagen kann, daß man betet, weil es uns vollkommen in Beschlag genommen und überschwemmt hat und es auf unserem Wesensgrund keine Unterscheidung gibt zwischen Herz und Gebet. Von nun an ist es der Geist, der unaufhörlich in uns betet und uns immer weiter in sein Beten hineinzieht. Je mehr man von der Strömung mitgezogen wird, um so klarer sieht man ein, daß dieses Gebet wirklich nicht mehr aus uns selber stammt. Es ist sozusagen selbständig geworden." (Louf 147)

Und Isaak, der Syrer sagt davon:

"Der Gipfel aller Aszese ist das Gebet, das nicht mehr aufhört. Wer es erreicht, hat sich damit in seiner geistlichen Bleibe eingerichtet. Wenn der Geist einzieht, um in einem Menschen zu wohnen, kann dieser nicht mehr aufhören zu beten, denn der Geist betet unaufhörlich in ihm. Er mag schlafen oder wachen, immer ist das Gebet in seinem Herzen am Werk. Er mag essen oder trinken, ausruhen oder arbeiten, der Weihrauch des Gebetes steigt wie von selbst aus seinem

Herzen auf. Das Gebet in ihm ist an keine bestimmte Zeit mehr gebunden, es ist ununterbrochen. Selbst im Schlaf verfolgt es ihn, wohlverborgen, denn das Schweigen eines freigewordenen Menschen ist an sich schon Gebet. Seine Gedanken sind von Gott eingegeben. Die leiseste Regung seines Herzens ist wie eine Stimme, die schweigsam und geheim, für den Unsichtbaren singt." (Louf 148f)

Das unablässige Jesusgebet führt zu einem beständigen Leben aus der Begegnung mit Jesus Christus. Im Beten des Namens Jesu tritt Christus selbst in unser Herz ein und macht es zu seiner Wohnstatt. So schreibt Hesychius von Batos, ein Autor des byzantinischen Mittelalters: "Die unaufhörliche Anrufung Jesu, verbunden mit einer brennenden Sehnsucht nach ihm und voll Freude über ihn, erfüllt die Atmosphäre unseres Herzens mit Seligkeit und Freude. ... Die Erinnerung Jesu und die immerwährende Anrufung seines Namens bringen etwas wie eine göttliche Luft in unserem Geist hervor." (Louf 152)

Das Jesusgebet weckt in mir Kräfte, die bisher verschüttet waren unter dem Gewicht meiner Arbeit, meiner Sorgen. Es bringt alles in mir in die Beziehung zu Jesus Christus, in die Beziehung zu dem, der mich liebt und der ein Herz hat für mich, ein Herz, das nicht verurteilt, sondern sich erbarmt. Das Ziel des spirituellen Weges ist, ständig in dieser liebenden Beziehung zu Jesus Christus zu leben und darin heil und ganz zu werden. In dieser Beziehung wird nichts in mir verdrängt oder ausgeschlossen, sondern alles wird angeschaut und auf Gott bezogen.

Dieses beständige Leben aus der Begegnung mit Gott hat Benedikt vor Augen, wenn er schreibt: "Auf der ersten Stufe der Demut hält man sich Gott stets mit Ehrfurcht vor Augen und hütet

sich sehr, ihn zu vergessen...Der Mensch sei über-
zeugt: Gott schaut vom Himmel her jederzeit und
immer auf ihn herab. Das Auge Gottes sieht stets
und überall sein Tun, und die Engel erstatten
darüber allezeit Bericht." (RB 7)

Geistliches Leben ist für Benedikt Leben in der
Gegenwart Gottes, der mich liebend und wohlwollend, aber auch prüfend und erforschend anschaut. In diesem Blick Gottes finde ich erst zu
mir, da bekommt mein Leben einen anderen
Geschmack. Da spüre ich, daß mein Leben eine
ständige Antwort ist auf den Gott, der mich
anschaut und mich anspricht. Ich lebe nicht irgendwo in einem unverbindlichen Raum, sondern ich lebe vor den Augen Gottes, ich lebe aus
der ständigen Begegnung mit dem liebenden und
barmherzigen Gott. Das meint das unablässige
Gebet. Es ist keine Leistung, sondern die Einübung eines Lebens aus der Begegnung. Die Alternative zu diesem Leben aus der Begegnung ist das
Leben aus der Zerstreuung. Das war für die
Mönche eine ständige Versuchung, sich heraus-
zustehlen aus der Begegnung, aus der Beziehung
zu Gott, und sich zurückziehen in die Privaträume ihrer Phantasie, wo man unverbindlich spazierengehen und sich seine Illusionen erträumen
kann.

Das Leben aus der Begegnung muß aber ganz
konkret eingeübt werden. Es ist uns nicht in den
Schoß gelegt. Die Mönche üben es, indem sie das
Jesusgebet überall und jederzeit beten. Aber um
es immer beten zu können, muß ich es erst einmal
an bestimmten Punkten des Tages beten. Ich soll
es an bestimmte Tätigkeiten knüpfen. Wenn ich
z.B. morgens aufwache, soll ich bewußt das Jesusgebet sprechen. Wenn ich aus dem Haus gehe,
wenn ich zur Arbeit fahre, wenn ich ein Haus
betrete, wenn ich zu Menschen komme, beim

Stundenschlag der Turmuhr, beim Klingeln des Telefons, überall könnte ich das Jesusgebet sprechen. Die äußeren Dinge wären für mich Erinnerungszeichen, die dann mit der Zeit von selbst das Jesusgebet in mir hervorlocken. Wenn mich so die äußeren Dinge an die Gegenwart Jesu Christi erinnern, der sich meiner erbarmt, dann wird mein Leben anders. Es wird nicht mehr geprägt von den äußeren Ereignissen, sondern in allem begegne ich Jesus Christus. Überall und bei allem, was geschieht, lebe ich dann aus der Begegnung mit Christus. Und aus der Begegnung mit Christus heraus begegne ich dann den Menschen und Situationen meines Alltags auf neue Weise. Nicht die äußeren Geschehnisse bestimmen dann meine Gefühlslage, sondern Jesus Christus, dem ich in allem begegne. Die Nähe Jesu drängt die oft aufdringliche Nähe von Menschen oder von Problemen zurück. Und ich kann ihnen dann den Stellenwert geben, den sie brauchen. Ich lasse mich von ihnen nicht erdrücken, sondern ich begegne ihnen mit einem inneren Abstand. Weil ich überall aus der Begegnung mit Christus lebe, können mich die äußeren Ereignisse nicht mehr beherrschen. So ist es ja auch mit Menschen, die sich lieben. Weil sie um ihre Liebe wissen, weil sie aus ihrer liebenden Begegnung heraus leben, lassen sie sich nicht mehr von den Fakten des Tages bestimmen. Sie sind vielmehr von der Liebe bestimmt. So möchte die Begegnung mit Christus unser ganzes Leben prägen und es verwandeln. Alles soll den Geschmack von Gottes Barmherzigkeit und Güte erhalten. Die Begegnung mit Christus und mit dem Vater Jesu Christi weckt in uns den wahren Kern zum Leben, sie macht uns in allem lebendiger und schenkt uns so wirklich ewiges Leben, Leben, das eine andere Qualität hat als das Leben um uns her, ein Leben in Freiheit und Milde, in Liebe und Freude. Nicht wir müssen uns verwandeln, sondern die Begegnung mit Gott verwandelt uns und führt uns so erst wirklich zu unserem wahren Selbst.

Schluß

Die vier Schritte und vier Orte des Gebetes, die wir in dieser Kleinschrift begangen haben, können und wollen das Geheimnis des Gebetes nicht vollständig beschreiben. Sie wollen nur ermuntern, den Weg des Gebetes zu gehen als den Weg zu einer immer tieferen und liebenderen Begegnung mit Gott. Jeder muß selber spüren, welche Orte und Schritte des Gebetes für ihn gut sind. Die Tradition hat uns diese Arten des Gebetes angeboten. Und viele Menschen sind auf diesen Wegen zu einer intensiven Gottesbegegnung gelangt und haben aus der Begegnung mit Gott heraus gelebt. Entscheidend ist, daß wir uns bereiten für die Begegnung mit dem Gott, den uns Jesus Christus als den liebenden und barmherzigen Vater verkündet hat. Gott ist nicht der ferne und unnahbare, sondern der, der uns begegnen will. Seinen Willen zur Begegnung hat er in Jesus Christus bekräftigt, da er selbst uns entgegengekommen ist, um uns nahe zu sein. Denn wir waren unfähig geworden zur Begegnung. Wir waren in uns selbst verstrickt, verschlossen, auf uns selbst geworfen. Da kam er zu uns. Im Gebet antworten wir auf sein Kommen. Da gehen wir dem entgegen, der in Jesus Christus auf uns zugegangen ist. Gebet ist daher keine Leistung, die wir vollbringen müßten, sondern der Weg in die ständige Begegnung mit Gott. Und so ist das Gebet ein Weg zu einem intensiven und bewußten Leben, zu einem Leben, wie Gott es uns zugedacht hat. Nur aus der Begegnung mit Gott heraus glückt echtes Leben. Denn, so sagt uns noch einmal Martin Buber: "Alles wirkliche Leben ist Begegnung."

ANMERKUNGEN

[1]) Zit. von Ch. Schütz, Gebet, in: Praktisches Lexikon der Spiritualität, Freiburg 1988, 436.

[2]) M. Buber, Ich und Du, in Schriften zur Philosphie, 1. Band, München 1962, 85.

[3]) Th. Steinbüchel, Christliche Lebenshaltungen in der Krises der Zeit und des Menschen, Frankfurt 1949, 54. In den 4 Schritten des Gebetes folgen wir den Anregungen von Metropolit Anthony, Lebendiges Beten. Weisungen, Freiburg 1976, 130ff.

[4]) PG 40, 1267.

[5]) Augustinus, Bekenntnisse, übers. v. H. Hefele, Jena 1921, 206.

[6]) Metropolit Anthony, Lebendiges Beten. Weisungen. Freiburg 1976, 137.

[7]) Wilhelm v. St. Thierry, Epistola aurea, PL 184, 324.

[8]) Apo 1764, in Les sentences des pères du dèsert, troisième recueil, hrsg. v. L. Regnault, Solesmes 1976, 58.

[9]) AM 170,7, in ebd. 175.

[10]) PL 184, 314D.

[11]) Evagrius Ponticus, Über das Gebet, übers. v. J.E. Bamberger u. G. Joos, Münsterschwarzach 1986, Nr. 34. Die Ziffern im Text geben jeweils eines der 153 kleinen Kapitel dieses Buches an.

[12]) Vgl. A. Grün, Dimensionen des Glaubens, Münsterschwarzach 1987, 33ff; ferner K. Wilber, Wege zum Selbst, München 1984.

[13]) Isaak v. Ninive, in: Ausgewählte Schriften der syrischen Kirchenväter, übers. v. G. Bickell, Kempten 1874, 302.

[14]) Vgl. H. Hesse, Siddharta, Berlin 1923, 126f.

[15]) A. Bloom, Schule des Gebets, München 1972, 92f.

[16]) H. Nouwen, Ich hörte auf die Stille, Freiburg 1978, 136.

[17]) Augustinus, Sermo 110,3. PL 38, 637.

[18]) Vgl. H.G. Gadamer, Wahrheit und Methode, Tübingen 1964.

[19] Zit. von P.-Y. Emery, Die Meditation der Heiligen Schrift, in: Die Gnade des Gebetes, hrsg. v. R. Bochinger, Gütersloh 1964, 70.

[20] Vgl. Guigo der Karthäuser, Scala claustralium, PL 184, 475ff.

[21] Th. Heither, Origines - ein moderner Exeget? in: Erbe u. Auftrag 65 (1989) 365.

[22] Origines, Aus den Homilien zum Buche Numeri, in: Quellen geistlichen Lebens, hrsg. v. W. Geerlings u. G. Greshake, Mainz 1980, 68.

[23] U. Krause, Anbetung, in: Lexikon für Spiritualität, 40.

[24] zit. bei A. Louf, In uns betet der Geist, Einsiedeln 1974, 136. Dort auch die folgenden Zitate.

[25] P. Teilhard de Chardin, Lobgesang des Alls, Olten 1964, 54ff.

[26] Vgl. F.S. Durrwell, Eucharistie - das österliche Sakrament, Münsterschwarzach 1985.

[27] H. Urs v. Balthasar, Mysterium Paschale, in Mysterium Salutis, Einsiedeln 1969, 218.

[28] Graham Greene, Das Ende einer Affäre, Hamburg 1955, 106.

[29] Metrolopit Anthony, Lebendiges Beten 101; zum Jesusgebet vgl. Aufrichtige Erzählungen eines russischen Pilgers, hrsg. v. E. Jungclaussen, Freiburg 1975; Kleine Philokalie, ausw. u. übers. v. M Dietz, Einsiedeln 1956.

MÜNSTERSCHWARZACHER KLEINSCHRIFTEN
Schriften zum geistlichen Leben

1	A. Grün OSB, **Gebet und Selbsterkenntnis**	(1979)	56 S.	DM	4,80
2	B. Doppelfeld OSB, **Der Weg zu seinem Zelt**	(1979)	64 S.	DM	5,40
3	F. Ruppert OSB/A. Grün OSB, **Christus im Bruder**	(1979)	56 S.	DM	4,80
4	P. Hugger OSB, **Meine Seele, preise den Herrn**	(1979)	84 S.	DM	7,40
5	A. Louf OCSO, **Demut und Gehorsam**	(1979)	55 S.	DM	4,80
6	A. Grün OSB, **Der Umgang mit dem Bösen**	(1980)	84 S.	DM	7,40
7	A. Grün OSB, **Benedikt von Nursia — Seine Botschaft heute**	(1979)	60 S.	DM	5,20
8	P. Hugger OSB, **Ein Psalmenlied dem Herrn,** Teil 1	(1980)	72 S.	DM	6,80
9	P. Hugger OSB, **Ein Psalmenlied dem Herrn,** Teil 2	(1980)	80 S.	DM	7,60
10	P. Hugger OSB, **Ein Psalmenlied dem Herrn,** Teil 3	(1980)	80 S.	DM	7,60
11	A. Grün OSB, **Der Anspruch des Schweigens**	(1980)	72 S.	DM	6,80
12	B. Schellenberger OCSO, **Einübung ins Spielen**	(1980)	52 S.	DM	4,80
13	A. Grün OSB, **Lebensmitte als geistliche Aufgabe**	(1980)	60 S.	DM	5,60
14	B. Doppelfeld OSB, **Höre, nimm an, erfülle**	(1981)	68 S.	DM	6,80
15	E. Friedmann OSB, **Mönche mitten in der Welt**	(1981)	76 S.	DM	7,80
16	A. Grün OSB, **Sehnsucht nach Gott**	(1982)	64 S.	DM	6,40
17	F. Ruppert OSB/A. Grün OSB, **Bete und arbeite**	(1982)	80 S.	DM	7,80
18	J. Lafrance, **Der Schrei des Gebetes**	(1983)	62 S.	DM	6,40
19	A. Grün OSB, **Einreden,** Der Umgang mit den Gedanken	(1983)	78 S.	DM	7,80
20	R.-N. Visseaux, **Beten nach dem Evangelium**	(1983)	68 S.	DM	7,20
21	J. Main, **Meditieren mit den Vätern**	(1983)	56 S.	DM	5,40
22	A. Grün OSB, **Auf dem Wege,** Zu einer Theologie des Wanderns	(1983)	72 S.	DM	7,40
23	A. Grün OSB, **Fasten — Beten mit Leib und Seele**	(1984)	76 S.	DM	7,60
24	G. Kreppold OFMCap, **Heilige**	(1984)	80 S.	DM	7,80
25	G. Kreppold OFMCap, **Die Bibel als Heilungsbuch**	(1985)	80 S.	DM	7,80
26	A. Louf/M. Dufner, **Geistliche Vaterschaft**	(1984)	48 S.	DM	5,20
27	B. Doppelfeld OSB, **Die Jünger sind wir**	(1985)	64 S.	DM	6,80
28	M. W. Schmidt OSB, **Christus finden in den Menschen**	(1985)	44 S.	DM	4,80
29	A. Grün OSB/M. Reepen OSB, **Heilendes Kirchenjahr**	(1985)	84 S.	DM	7,80
30	F.-X. Durrwell, **Eucharistie — das österl. Sakrament**	(1985)	74 S.	DM	7,40
31	B. Doppelfeld OSB, **Mission**	(1985)	60 S.	DM	6,40
32	A. Grün OSB, **Glauben als Umdeuten**	(1986)	66 S.	DM	6,80
33	A. Louf OCSO/A. Grün OSB, **In brüderlicher Gemeinschaft leben**	(1985)	60 S.	DM	6,40
34	C. de Bar, **Du hast Menschen an meinen Weg gestellt**	(1986)	54 S.	DM	5,60
35	G. Kreppold, **Kranke Bäume — Kranke Seelen**	(1986)	87 S.	DM	7,80
36	A. Grün OSB, **Einswerden — Der Weg des hl. Benedikt**	(1986)	80 S.	DM	8,80
37	B. Community, **Regel für einen neuen Bruder**	(1986)	48 S.	DM	5,20